VIPASANA Y MUCHO MÁS

El poder de la sabiduría

Isidro Gordi

Ediciones Amara

Título original: *Vipasana y mucho más / El poder de la sabiduría*
Ediciones Amara. Ciutadella de Menorca
Publicado por vez primera en 2023 por Ediciones Amara

Impreso en España / Printed in Spain

ISBN de la obra: 978-84-95094-87-2
Depósito Legal: ME-96/2023

Contenido

Vipasana y mucho más es el resultado de distintas enseñanzas orales impartidas por Isidro Gordi (Gen Dechen Dordge) en Barcelona, Madrid, Málaga y Girona a lo largo de muchos años enseñando budismo y meditación. Ediciones Amara agradece la gran labor y paciencia de Fernando Hernández y Celia Gómez leyendo y revisando el texto. El lector debe, no obstante, saber que, voluntariamente, hemos sacrificado la pulcritud sintáctica y estilística con el fin de dejar lo más intacto posible el lenguaje directo, coloquial, y el aroma de la enseñanza oral.

Prefacio del venerable Lama Drubgyu

༄། བརྩེ་བའི་ཆོས་གྲོགས་སྙིང་པ་བདེ་ཆེན་རྡོ་རྗེ་ལགས (Isidro Gordi)། ལོ་མང་པོའི་སྔོན་ལ་བཀའ་བརྒྱུད་བླ་མ་ཨོ་རྒྱན་དབང་འདུས་མཉམ་དུ་ཆོས་ཀྱི་སློབ་སྦྱོང་བྱས་པ་དང་། ཕྱིས་སུ་མཁན་ཆེན་དགེ་བཤེས་རྟ་མགྲིན་རྒྱ་མཚོའི་སྐུ་མདུན་ནས་ལོ་ངོ་བཅུ་གཉིས []ང་ལ། ཞབས་ཞུས་དང་ཆོས་ཀྱི་སློབ་སྦྱོང་ལམ་[]མ་ལྷ་[]བྱས་བཞིན་པ་དང་། འདི་ལ་བརྟེན་ནས་ཀུན་སློང་ཀུན་སྤྱོད་བསླབ་བསམ་རྣམ་དག་གི་ཐོག་དང་། སྐྱི[] ཡོངས་ས་རྒྱལ་བའི་དབང་པོ་ཐམས་ཅད་མཁྱེན་ཅིང་གཟིགས་པ་ཆེན་པོའི་གསུངས་གཞི་བཞག་ནས་ཚུལ་ཁྲིམས་ཞི་གནས་ལྷག་མཐོང་གི་སྒོམ་ཉམས་ལེན་[]མ་བཞིན་ཕྱེད་པའི་སྐོ་[]ཡིན་པ་ལ། དད་ལྡན་ལས་ཅན་མང་པོ་ལ་ཕན་བདེ་རྒྱ་ཆེན་པོ་ཡོང་བའི་ཀུན་བླ་མ་སྐྱབས་བརྒྱུད་བརྟན་པར་བཀྲ་ཤིས་སྨོན་ལམ་བཅས་ཞུགས།། ||

དགེ་ལེགས་འཕེལ་བའི་བཀྲ་ཤིས་ཤོག ||

Querido viejo amigo del Dharma, Dechen Dorje (Isidro Gordi):

Hace ya muchos años que empezaste a estudiar Dharma con el maestro Kagyüpa, Lama Orgyen Uangdü. Después, pasaste años completos trabajando como asistente del gran maestro Khenchen Geshe Tamdrin Gyamtso, del cual recibiste las enseñanzas del Camino Gradual del Dharma. Tras estos años de dedicación, con pureza en tu motivación, conducta, adiestramiento y pensamiento, has compuesto un libro basado en las enseñanzas del victorioso y omnisciente S.S. Dalai Lama, que expone gradualmente la práctica de la disciplina ética, la meditación de la permanencia apacible (samatha) y la visión profunda (vipasana). Deseo sinceramente, con mi aspiración de buenos auspicios, que esta obra cause una inmensa felicidad y bienestar a muchos afortunados dotados de confianza en estas enseñanzas.

¡Que gocemos de los auspicios del incremento de la virtud y la excelencia!

28 de diciembre de 2017
Lama Drubgyü Tenpa

¿Por qué Vipasana y mucho más?

Hace años publiqué los libros, *Mindfulness y mucho más* y *Samatha y Vipasana/el poder de la concentración*[1]. Era la época en que se empezaba a hacer popular el Mindfulness para la reducción del estrés, diseñado por John Kabat Zinn. El contenido de los dos libros pretendía acentuar que el mindfulness tal y como se explica en la tradición budista desemboca en dos tipos de meditación: samatha y vipasana. Obviamente, esto nunca fue el propósito del mindfulness creado por John Kabat Zinn, que más bien pretendía reducir el estrés y gestionar el dolor, lo cual es un preliminar para meditar elogiable.

Samatha (en tibetano *shiné*, en castellano *permanencia apacible*) se refiere a concentración unipuntualizada, y mis retiros de *mindfulness y mucho más* han ido siempre dirigidos hacia este fin: el desarrollo exclusivo de relajación, estabilidad y claridad con el fin de prolongar la atención continuada en la respiración, lo cual desembocará en dicha concentración. Esta meditación, obviamente, no tiene mucho que ver con lo que se conoce como "mindfulness" en el mundo moderno.

Vipasana es lo que se trata de desarrollar desde el recipiente de samatha: investigar tu realidad para verla mejor. Puesto que lo que se conoce como "mindfulness" de John Kabat Zin no pretende despertar ni samatha ni vipasana, añado "mucho más" a estos retiros.

Vipasana es un sistema de meditación budista que se remonta al *Sutra Sathipatanna* (*Cuatro Fundamentos de la Atención*) del canon pali. Es el arte de la meditación enseñado por el propio Buda, que se ha ido transmitiendo de maestro a discípulo en las distintas tradiciones budistas ~~durante más~~

1 Ver *www.edicionesamara.com*

de 2.600 años. Y vipasana sigue siendo popular hoy en día porque funciona. Ten en cuenta algo importante: vipasana no es un sistema de creencias, sino una técnica meditativa para entender la naturaleza de tu vida.

Vipasana literalmente significa *v isión superior*. Pero no malinterpretes el término *superior*, sólo significa que esta meditación, gradualmente, te ayuda a ver mejor la naturaleza de tu realidad. La impermanencia, duhkha, la muerte, la ausencia de una identidad personal sólida, y muchos otros, son aspectos de la realidad que nos afectan a todos, no son creencias budistas. De hecho, aunque no creas en ello, estás cambiando constante y continuadamente, *duhkha* es malestar, dolor, insatisfacción, sufrimiento, y está incrustado en el fondo de tu mente, y no creer en ello no impide que te ataque a diario con mayor o menor profundidad. Si el cuerpo y la mente están bajo un proceso de cambio microscópico día y noche, esto significa que no son sólidos, así pues, ¿quién eres?, ¿cuál es tu naturaleza?, ¿quieres explorarla? Asumes que eres una entidad sólida, permanente, pero ¿existes de ese modo?

Lo habitual es pensar y vivir convencido de que eres alguien permanente cuando, en realidad, estás sometido al cambio y sus complejas vicisitudes. También asumes que tus sensaciones son estáticas cuando, en realidad –y tú mismo empezarás a notarlo–, su naturaleza es el cambio continuo; asimismo comprenderás que ellas te condicionan a reaccionar con *kleshas* –término que traduzco como *aflicciones m entales, e mociones aflictivas* o *engaños mentales*–, que alteran tu vida cotidiana. Sólo entender la impermanencia de estas dos cosas te ayuda a vivir mejor.

Vipasana está conectada con la sabiduría ya que observas y analizas tu cuerpo, tus sensaciones, tu mente y fenómenos, con el fin d e t ener u na e xperiencia l o m ás c lara p osible d e su naturaleza para así minimizar y erradicar las aflicciones mentales, que te despojan de felicidad y bienestar.

Un aspecto único del retiro de *Vipasana y mucho más* que dirijo en distintos lugares de España es que aplico métodos de las dos tradiciones budistas por excelencia: theravada y mahayana. El vipasana mahayana, de modo resumido, es el contenido del *Lam Rim*, de textos como el *Bodhisatvacaryavatara*, el *Madhyamakavatara* y un largo etcétera que es el tipo de budismo en el que sido formado. Por este motivo *Vipasana y mucho más* es un tipo de retiro diferente a lo que uno podría asumir que debe ser vipasana, pero *sin dejar de serlo* ya que los cuatro fundamentos del *Satipathana* están presentes. Lo hago así con la intención de que resulte cómodo para el participante y para que pueda entender y responder a los diferentes estados mentales, buenos o malos por los que pasa a lo largo del día. La manera en que combino las dos tradiciones en las sesiones de meditación depende de cada retiro, ya que no suelo hacer dos iguales.

En mis retiros de *Mindfulness y mucho más*, son muchas las personas que me han contado sus experiencias asistiendo a los extraordinarios retiros de vipasana de diez días del maravilloso Goenka o de otros grandes maestros de meditación. Suelo preguntarles: "¿Qué es vipasana para ti?" Muchos de ellos responden: "Observar la respiración largo tiempo, escanear el cuerpo, aburrirse y sentir dolor en el cuerpo" Les digo: "Muy bien, pero *¿qué es vipasana?*, porque esto que me dices no lo es".

Por supuesto que "se observa la respiración largo tiempo", pero no es, necesariamente, obligatorio meditar sólo en la respiración para hacer vipasana.

Es posible "aburrirse", pero tampoco ha de ser, necesariamente, así. Por ejemplo, cuando en tu meditación te aburres, ¿has explorado lo que subyace detrás del aburrimiento?, ¿por qué te aburres?, ¿qué reporta todo aquello en lo que te entretienes para esconder el aburrimiento?, ¿va a erradicar esta capacidad de sentirse aburrido? En realidad, cuando en tu práctica de vipasana buscas las respuestas a estas preguntas, u observas el aburrimiento, éste se desvanece. Por tanto, *sí, vipasana puede ser aburrido…* sobre todo si estás distraído y careces de una buena base de samatha, pero también puede no serlo en absoluto.

Al meditar está claro que puedes "sentir algo de dolor en el cuerpo". En primer lugar, te deberías preguntar si la meditación consiste en "no sentir ningún tipo de malestar" ¿Quién dice que haya de ser así? La verdad es que, en el fondo de tu ser, se encuentran, prácticamente, todas las causas del dolor que experimentas en tu vida: ¿cómo las vas a eliminar si te pasan desapercibidas o las escondes?

Vipasana explora tu ser, y dentro de él en ocasiones podrás encontrar dolor e insatisfacción, pero ¿pueden eliminarse éstos si los escondes debajo de la alfombra, los reprimes, haces ver que no están o que no forman parte de ti? Por tanto, sí, en ocasiones, cuando haces vipasana podrás sentir el dolor existencial u otros que te acompañan desde tu tierna infancia, pero también los podrás transformar mediante tu actitud y conocimiento.

Y algunos se quejan: "Las sesiones son muy largas". Generalmente sí, pero *no es imprescindible* que lo sean. Buda mismo dijo que, al principio, la duración de las sesiones, sean de concentración o de vipasana, deben ajustarse a la capacidad del yogui. ¿De qué nos sirve hacer sesiones largas si uno pierde la atención, la concentración y no tiene espacio alguno para poder *ver* la transitoriedad, duhkha o malestar y la ausencia de identidad sólida y esencial?

Por motivos válidos y basados en los sutras del Buda, en mis retiros de *Vipasana y mucho más* hacemos sesiones *adecuadas a tu capacidad*, sesiones de unos 30, 35 minutos de duración que te servirán igualmente para poder ver mejor tu realidad.

Tal y como dice *Sendero de purificación,* de Budagosha, aparte de tú mismo, nada ni nadie te sacará del enredo en el que te has metido:

Cuando un sabio, establecido bien en la virtud,
desarrolla concentración y sabiduría,
luego, como bikkhu (buscador de la liberación) ardiente
y sagaz, tendrá éxito en desenredar ese enredo.

Buda empezó su enseñanza describiendo cuatro realidades: todos los seres experimentamos *duhkha*[2] o malestar, que se ha de identificar; hay *causas* de duhkha, que se han de erradicar; hay un *estado de libertad* de duhkha, que se ha de lograr, y hay un *sendero* que se ha de practicar y que conduce a este fin. Son las Cuatro Nobles Verdades.

Muchas personas reaccionan mal a la primera noble verdad, la que señala que en la vida *experimentas* duhkha, malestar físico y mental de diversas intensidades, preferimos negarlo, enmascararlo, hacer ver que no está, no enfrentarnos a él. Buda afirmó que negar la existencia de duhkha no hace que éste desaparezca. Más bien, al contrario, al identificar y ver con claridad esta realidad en nuestra vida, se da el primer paso hacia la libertad. En realidad, Buda fue uno de los primeros pensadores de la humanidad en describir de manera minuciosa y clara el funcionamiento de nuestra parte mental y emocional, que está detrás de todas nuestras acciones: enfado, ira, deseo obsesivo, dudas, frustración, orgullo, visiones deformadas de la realidad, creencias erróneas… Las aflicciones y las acciones que impulsan son causa de mucho dolor y confusión y están en nuestro interior.

---

2 Dukkha, es la primera enseñanza que impartió el Iluminado. Aunque se suele traducir como "sufrimiento" esto solo es un aspecto de dukkha, esta palabra incluye insatisfacción, dolor mental, frustración, incertidumbre, y muchos otros aspectos psicológicos que asolan a las personas, independientemente de sus creencias. No es posible ser feliz sin identificar la fuerza innata que lo impide: ya venimos con duhkha, con malestar, dolor, inseguridad, temor, semillas de enfermedad, vejez, sufrimiento mental y de todo tipo. Sin gestionar y abordar la naturaleza de nuestro ser, todo lo que creemos que es felicidad o bienestar, al final se revela como lo que es: duhkha. La felicidad que todos buscamos no está donde creemos.

Vipasana te ayuda a transformar el sufrimiento y las reacciones poco sabias que generamos. Buda enseñó que, incluso en los momentos más difíciles, es la práctica para encontrar paz, tomar decisiones sabias y vivir compasivamente. Son estos principios, entre muchos otros, los que han seducido a filósofos, psicólogos, neurólogos, psiquiatras y muchos científicos occidentales. Una razón por ello es que se han dado cuenta de que Buda fue de los primeros en explorar lo que hoy en día muchos psicólogos denominan *resiliencia*. A modo de ejemplo, sólo en la tradición budista tibetana hay unos cien mil textos que enseñan cómo aplicarla en la vida.

Mi intención durante los retiros de *Vipasana y mucho más* que dirijo es que aprendas:

1. A fortalecer y perfeccionar tu meditación practicando concentración y sabiduría –o vipasana–.

2. A conocer el poder de la atención y su importancia en nuestra vida.

3. A usar entre cuatro y siete tipos de anapanasati[3].

4. A usar la atención al cuerpo y a las sensaciones, lo cual te desvelará el nivel del condicionamiento al que estás sometido en el día a día.

5. A descubrir un camino contemplativo que ha servido durante siglos para encontrar un equilibrio emocional y mucho más.

6. A explorar las Cuatro Nobles Verdades.

7. A transformar el sufrimiento y las reacciones poco sabias.

8. A conocer los distintos senderos a la Liberación según las tradiciones theravada y mahayana.

---

3 Meditar en el proceso de inspiración y espiración.

9. A desarrollar el *Sendero óctuple noble:* comprensión correcta, intención correcta, palabra correcta, acción correcta, esfuerzo correcto, mindfulness correcto y concentración correcta. Es decir, ética, concentración y sabiduría.

10. A aflojar y erradicar los *Cinco Obstáculos* que aparecen en tu meditación y en tu vida cotidiana: apego, ira y malicia, letargo y espesor, inquietud y remordimiento, y duda engañosa.

11. A no concebir lo que es transitorio como si fuese permanente, lo que no es felicidad como si lo fuese, y lo que carece de una identidad personal sólida como si la tuviera.

12. A usar los *Cuatro Amigos* o *Cuatro Inconmensurables*: bondad amorosa, compasión, alegría y ecuanimidad.

13. A conocer los *Cinco Poderes y Facultades* que se desarrollan en tu práctica: confianza, entusiasmo, mindfulness, concentración y sabiduría.

14. A conocer los *Siete Factores de la Iluminación*: atención, investigación, entusiasmo, alegría, tranquilidad interior o gozo, concentración y ecuanimidad.

15. A conocer las *Treinta y siete Armonías con la Iluminación.*

Algunos de estos puntos se abordan en este libro; pero la mayoría de ellos se explican durante los retiros.

Consejos para empezar a meditar

El propósito de meditar es *familiarizarse* con estados mentales positivos. No obstante, para poder hacerlo se requiere una mente sosegada y atenta. Esto, a su vez, depende de que adoptes una correcta posición del cuerpo, ya que así permites que los aires energéticos fluyan bien por los canales internos. Los aires de energía, los canales. el cuerpo y la mente son interdependientes.

Nuestra mente está inquieta y cargada de peso debido a la estimulación de los sentidos, a la variedad de informaciones a las que nos vemos expuestos hoy en día, y a que nuestras obligaciones habituales nos estresan, despiertan emociones de todo tipo en nosotros y nos vemos zarandeados de un sitio a otro por su culpa. Por ello, antes de poder familiarizarte con estados mentales positivos, es vital encontrar cierto espacio de estabilidad y calma. Nuestra mente se alimenta de mucha "comida basura", está siempre expuesta a mucha información innecesaria y en muchos casos nada inspiradora. ¿Eres consciente de lo que le das a tu mente o de a qué cosas la expones? Nadie en su sano juicio come todo lo que se le presenta; hoy en día nos preocupamos por nuestra dieta, pero en el caso de la mente, la dejamos a su aire para que ingiera de todo sin ton ni son.

A un nivel básico, meditar te permite dejar de atiborrar la mente con información innecesaria y frenar su constante vagar hacia el pasado y el futuro. Este proceso crea un espacio para que crezca la atención o mindfulness. Después podemos abordar una transformación poderosa mediante lo que la tradición tibetana denomina *meditación analítica*, o lo que la tradición theravada denomina *vipasana*.

Otro de los propósitos de la meditación es crear un espacio para que tu mente descanse. La mente puede compararse a un vaso de agua con arena que es constantemente agitado. Cuando dejas de agitarlo, la arena desciende al fondo y el agua se vuelve clara: nos permite ver mejor. Otra metáfora es la de sostener un vaso… cada vez pesa más. Para descansar debes dejarlo encima de una mesa.

Si eres capaz de sentarte en quietud, notarás que la mente se vuelve más calmada y relajada. Si lo practicamos regularmente, nuestra vida se vuelve más tranquila, nuestro nivel de estrés e inquietud se reduce considerablemente y nuestro estado mental se vuelve más equilibrado.

Aunque no nos demos cuenta, los pensamientos y preocupaciones que pululan en nuestro interior tienden a reflejarse en el cuerpo en forma de tensiones y enfermedades distintas. Por esto, en ocasiones, cuando alguien se encuentra en un estado inquieto y agitado, es bueno identificar en qué parte del cuerpo se refleja dicha inquietud y procurar relajarla. Al hacerlo se afloja el estado mental que lo ha creado.

Ajan Brahm, maestro budista, era un hippie de los años setenta que terminó la carrera de física nuclear y que, al no encontrar respuestas a sus inquietudes, se fue a Tailandia y de la mano del gran Ajan Chah estuvo muchos años estudiando y meditando. Según él, la Seguridad Social inglesa hizo un experimento para tratar problemas mentales: administró medicinas, terapia personal y mindfulness. La terapia de mayor éxito y más barata para las arcas públicas resultó ser la meditación mindfulness. Añadió que a causa de esto él tiene un montón de estudiantes psicólogos y psiquiatras…

Una nota aclaratoria es que, a lo largo de este libro, a no ser que se especifique lo contrario, cuando el lector tope con los términos *mindfulness* o *atención* aluden al modo en que se usan y entienden en el contexto meditativo budista.

La posición que hemos de adoptar para la meditación consta de ocho puntos:

POSTURA DE LA MEDITACIÓN

1. *Colocar las piernas en la posición del loto o semi loto.* También es correcto sentarse en una silla. En cualquier caso, la espalda debe estar recta, sin forzarla. Las piernas cruzadas simbolizan dos elementos que nos conducen a la Iluminación: el método y la sabiduría. El *método* se refiere al amor y la compasión; la *sabiduría* es un estado mental que percibe la verdadera naturaleza de la realidad. Esta posición te ayuda a tener un sentido de estabilidad o de conexión con la Tierra y actúa como base para el resto de la postura. Puedes pensar que es un símbolo de la promesa que te has hecho de sentarte en reposo durante el tiempo que dure nuestra meditación. Este aspecto de la postura te ayuda a armonizar el *elemento tierra* de tu cuerpo, tus partes sólidas: los huesos, la carne, los músculos, etc.

2. *La mano derecha se coloca encima de la izquierda, a la altura del ombligo.* Las puntas de los dedos pulgares se tocan suavemente, lo cual impide perder energía corporal. Este gesto o *mudra* simboliza la concentración y la liberación que surge de ella. Es la posición del equilibrio meditativo. Al tocarse las puntas de los dedos se forma un triángulo que simboliza las tres puertas de la Liberación -vacío, ausencia de signos y ausencia de deseos-[4]. Este triángulo también significa el cuerpo, palabra y mente del Buda. El dedo pulgar derecho representa la bodhichita y el izquierdo la sabiduría que comprende la vacuidad, y el hecho de que se toquen señala la unión de las dos. Simboliza evitar los extremos. No deseamos sucumbir a la inquietud ni al letargo, ni a emociones extremas, como la euforia, el hundimiento y la depresión.

---

4 Ver mi *Ecos del silencio infinito* en www.edicionesamara.com

Los pulgares forman un triángulo y apuntan ligeramente hacia arriba, y pueden asociarse a la llama de una vela. De igual manera que un fuego quema los objetos que se encuentra en su camino, así también nosotros deseamos eliminar los obstáculos que se presentan en nuestro desarrollo de tranquilidad. Este segundo punto de nuestra postura armoniza el *elemento fuego* que se encuentra dentro de tu cuerpo y el calor que mantiene la fuerza vital y pone en marcha el desarrollo personal.

3. *La columna vertebral debe estar lo más recta posible.* La consciencia cabalga sobre los aires de energía o pranas, y tener la espina dorsal recta permite que éstos se muevan sin impedimento por los canales internos, cosa que facilita la concentración. Esta posición permite que los pranas fluyan adecuadamente por los canales internos, lo cual hace que la mente esté más tranquila. Este tercer punto de nuestra postura durante la meditación es esencial y está apoyado por los otros seis puntos de la postura. Para poder estar en calma y ser conscientes cuando nos sentamos para practicar la meditación, nuestra espalda debe estar recta. Si nos sentamos con el cuerpo demasiado rígido, es probable que nos sintamos inquietos; pero si dejamos que nuestra espalda se curve y nuestra postura se hunda, pronto sucumbiremos al espesor. Con la espalda recta se mejora nuestra vigilancia y tenemos menos probabilidades de sentirnos somnolientos o letárgicos cuando meditamos. Tener la espalda recta también ayuda a armonizar *el elemento agua* que se encuentra en tu cuerpo: la sangre, la linfa y otras secreciones corporales.

4. *La boca, la mandíbula y la lengua deben estar relajadas*. La boca no debe estar ni abierta del todo ni completamente cerrada. La punta de la lengua ha de colocarse en la parte trasera de la raíz de los dientes superiores, reduciéndose así la generación de saliva.

5. *La cabeza debe estar ligeramente inclinada,* en su justa posición: si está demasiado caída produce somnolencia y si está demasiado levantada, distracción.

6. *Los ojos deben estar entreabiertos* y dirigidos hacia la punta de la nariz.

7. *Los hombros deben estar nivelados y los brazos relajados, sin que toquen el tronco.* Si lo hacen, producirá somnolencia.

8. *Concentrarse en la respiración.* De momento, empieza prestando atención a la respiración en la punta de los orificios nasales.

Los últimos cuatro aspectos de la postura para practicar la meditación –cabeza y cuello, hombros, brazos, ojos, boca y mandíbula– ayudan a armonizar *el elemento aire* de nuestro cuerpo: la respiración y las demás energías sutiles que ayudan a que se produzca movimiento tanto en el cuerpo como en la mente. Hace ya un tiempo vi un programa de la B.B.C en el que se veía el interior de venas del cuerpo y la cámara reflejaba claramente cómo se movía un aire leve.

Al reflexionar sobre estos siete elementos de tu postura cada vez que meditas, creas las condiciones necesarias para el desarrollo de la estabilidad corporal. A esto lo llamamos *la atención a la postura*. Tu atención a la postura correcta ayudará a cultivar la estabilidad mental que tratas de lograr a través de la meditación.

La postura correcta no ha de provocar tensión física, ya que si el cuerpo está tenso uno se agota física y mentalmente. Para evitar tensión, de vez en cuando revisa tu postura para relajar las zonas tensas.

Si has de sentarte en una silla, el elemento más importante de la postura es mantener la espalda recta. Lo ideal sería no apoyarse en el respaldo de la silla, ya que eso dificultaría mantener la atención. Igualmente, si tiendes a hundirte en la silla, es fácil que acabes adormeciéndote. Los pies deberían estar apoyados con naturalidad en el suelo, con las piernas estiradas o cruzadas, dependiendo de qué postura resulte más cómoda o natural. Todos los demás aspectos de la postura deberían ser los mismos que se han descrito arriba.

La atención a la postura es importante no sólo al principio de la meditación, sino también a lo largo de toda ella para asegurarte de que la espalda sigue estando recta.

El último paso es concentrar la mente exclusivamente en la respiración.

Una vez adoptada la postura corporal descrita, con la mente relajada al apartarte del pasado y el futuro y estando plenamente anclado en el presente porque has superado la cháchara interna, dirige la atención a la respiración (pali: *anapanasati*).

Para empezar, simplemente sé consciente de tu propia respiración en la punta de la nariz o nota la sensación de movimiento en el abdomen. También podrías ser consciente de la fase de retención de la respiración: la pausa natural que existe entre la inspiración y la espiración. Al principio, es posible que resulte difícil distinguir entre esta fase y el final de la inspiración y el principio de la espiración, pero a medida que la meditación progrese, la pausa entre la inspiración y la espiración se vuelve más evidente. La espiración se produce cuando tu cuerpo reconoce la necesidad de expulsar el exceso de aire. Aquí puedes sentir el movimiento de salida del aire de tu cuerpo en el diafragma o en la punta de la nariz.

Procura no moverte durante la meditación. En general, si te mueves para cambiar de posición, al cabo de un rato volverás a moverte para encontrar otra mejor. Para no moverse a veces es bueno tomar una determinación mental: “No voy a moverme durante la sesión”. No fuerces.

Si deseas que la arena caiga al fondo de un vaso de agua no muevas el vaso, no lo agites. Del mismo modo, para calmar la mente enfócate en la respiración atentamente. *Mantén tu atención en el momento presente* teniendo en cuenta que cambia tan velozmente que no pareces notarlo. Por tanto, cuando prestas atención es *el momento presente*. Cada instante puede estar lleno de imágenes que vienen de experiencias pasadas o de proyectos futuros. El método para estar en el presente es prestarle atención a la respiración porque si la mente está pendiente de una cosa, difícilmente lo estará de otra.

No es muy difícil encontrar la respiración. Permite que el aire fluya, *a su ritmo*, simplemente lo observas, nota la respiración que entra y sale e ignora cualquier pensamiento, memoria, sonido, olor, etc. Al principio, tanto las inspiraciones como las espiraciones pueden ser turbulentas o breves porque ni el cuerpo ni la mente están calmados o relajados. Sé consciente de ello, nada más. Y, a medida que sigues atento a la respiración, ésta se vuelve más larga o profunda y sutil de modo que la mente y el cuerpo se apaciguan. Si estás distraído cuenta el proceso respiratorio hasta diez.

Mi maestro, el Ven. Gueshe Tamding Gyatso, me explicó una manera de tratar las diferentes distracciones que aparecen en la meditación: considera la mente como si fuese el mar y las distracciones como burbujas que ascienden a la superficie y desaparecen en ella. Aferrarse a las distracciones las alimenta y perpetua y, específicamente, muchos de los pensamientos que circulan en la mente están relacionados con el pasado o el presente. En lugar de pelear con ellos, trata de relajarte dentro de la *experiencia directa del momento presente*. Buda mismo decía en sus sutras:

> Si te ves afligido por una gran cantidad de
> pensamientos o conceptualizaciones, sigue tu aliento.

El propósito aquí no es analizar, sino tan sólo enfocar tu atención de modo continuado en el proceso respiratorio o *anapanasati* hasta que desemboque en un estado de concentración profundo. Es una meditación de samatha[5] y en ningún caso se puede calificar como vipasana porque no persigue entender o comprender la realidad: sólo te enfocas y te absorbes en tu proceso respiratorio natural, y lo que no sea este objeto específico lo has de soltar porque interrumpiría el desarrollo de tu atención. Meditar en *anapanasati* es uno de los cuarenta objetos de concentración que ofreció Buda.

Samatha es concentración absorta y unipuntualizada; vipasana es usar este estado de calma para penetrar, investigar y ver mejor la naturaleza de la realidad.

Una vez la mente está calmada te puedes adiestrar en vipasana para:

1) Identificar lo que ocurre en tu mente
2) Entender de qué modo esto afecta a tus sensaciones
3) Entender de qué modo las sensaciones te condicionan a responder de modo automático.

Para practicar *Mindfulness y mucho más* no es preciso creer en nada especial, es una práctica apta para cualquier credo y muy rápidamente experimentarás que funciona, alivia las aflicciones mentales y te reporta un fuerte sentido de bienestar y plenitud. Tiene su origen en textos budistas muy antiguos, pero que son igual de válidos para nosotros hoy en día. De hecho, nunca han sido tan relevantes o necesarios como lo están siendo en esta época moderna.

---

5 Samatha viene como resultado del desarrollo de la atención enfocada continuadamente en un objeto, sin analizar: sólo observar un único objeto hasta que la concentración se desarrolla y desemboca en samatha o shiné. Es vital para una buena práctica de vipasana. Ver mis libros *Mindfulness y mucho más* y *Samatha y Vipasana/El poder de la concentración.* www.edicionesamara.com

En la vida cotidiana es fácil que la mente se fragmente y se mueva entre la pesadez y la distracción. Hoy en día lo llaman *déficit de atención* e *hiperactividad.* Los psicólogos creen que sólo son nocivos si son exagerados y es cierto, pero todos padecemos de estas dos alteraciones y son causa de malestar interno para quien las experimenta. Para superarlas desarrollamos mindfulness y samatha, práctica ideada para 1) reunir y enfocar la energía dispersa de la mente, lo cual produce: 2) *relajación*, 3) *estabilidad interna* y 4) *claridad.* Estas tres cualidades conducen a 5) *sukha* –en sánscrito– o *gozo*, un estado de bienestar que sólo surge de una mente equilibrada. Esto es lo que tratamos de enfatizar en los retiros de *Mindfulness y mucho más.*

Después, usa el poder de esta calma para desarrollar sabiduría, vipasana, desarrollando los *Cuatro Fundamentos de la Atención*, que es lo que solemos hacer en los retiros de *Vipasana y mucho más.* Es el "Conócete a ti mismo" en acción.

El primer fundamento es la atención al cuerpo. Investigas la naturaleza del cuerpo. Después trasladas tu atención a la sensación, observando las sensaciones agradables, desagradables y neutras, en lugar de identificarte con ellas: ¿cómo surgen y se desvanecen?, ¿cuál es su naturaleza?, ¿cambian o son duraderas? Después pasas a los demás procesos de la consciencia misma: pensamientos, aflicciones, distracciones, recuerdos, memorias, proyectos. Por último, consideras los diversos fenómenos o dharmas que aparecen en el ojo de la mente: los cinco agregados, las Cuatro Nobles Verdades, los Siete Factores de la Iluminación, etc.

También se podrían combinar los Cuatro Fundamentos de la Atención con los Cuatro Infinitos: amor, compasión, alegría y ecuanimidad. Se ayudan mutuamente.

Crear las condiciones adecuadas para practicar samatha o vipasana es una tarea importante si queremos maximizar nuestra capacidad para meditar de manera eficaz. Al igual que necesitas crear las condiciones adecuadas para llevar a cabo la mayoría de las actividades que realizas a lo largo de tu vida, para practicar meditación también has de cumplir con ciertos requisitos:

Encontrar un lugar pacífico y conveniente para meditar
Si vives solo, no te resultará difícil. Si vives con más gente, y especialmente si vives con tu familia, puede que sea necesario llegar a algún tipo de acuerdo para reservar un lugar donde puedas sentarte sin sufrir ninguna intrusión ni interrupción. Los meditadores más consumados podrían encontrar un "retiro" en mitad de la naturaleza, lejos de las múltiples distracciones de la vida diaria, en el que poder meditar.

Preparar un espacio para meditar que refleje tu deseo de desarrollar tranquilidad y sabiduría
En este espacio podrías colocar algunas flores, una vela encendida o una imagen que tenga importancia espiritual para ti. Quema incienso o aceites aromáticos para que te ayuden a crear un ambiente relajado. Si eres un practicante devoto, podrías optar por practicar la meditación en presencia de un sencillo santuario, con imágenes o símbolos espirituales inspiradores para que te ayuden a despertar un estado de ánimo positivo. Y, por supuesto, necesitas una alfombrilla, un cojín o un asiento sobre el que meditar, que puede ser una silla sin brazos para aquellas personas que tengan limitaciones físicas o a las que les resulte difícil sentarse con las piernas cruzadas.

Encontrar un momento del día específico para meditar
Éste es uno de los requisitos más importantes para la práctica de la meditación. Al principio, sólo podrás dedicar entre quince y veinte minutos sentado meditando, pero este tiempo aumentará poco a poco a medida que te vayas familiarizando con la práctica. La regularidad de tu práctica

es lo más importante: si eres capaz de comprometerte a meditar a diario, obtendrás un beneficio notablemente mayor que si sólo meditas de manera esporádica. Muchos practicantes piensan que meditar a primera hora de la mañana, cuando la mente no está demasiado inundada de pensamientos que distraen la atención, es el mejor momento del día para realizar su práctica. Parece que un discípulo se acercó a su maestro y le dijo: "No me apetece meditar hoy, ¿me podrías dar un consejo?" Y el maestro, después de pensar un rato, le respondió: "Si te apetece meditar, medita. Y si no te apetece, entonces ese es el momento adecuado para meditar". Es una experiencia de todos los grandes meditadores que en aquellos días en que te sientas a pesar de las resistencias físicas o mentales, se producen las sesiones más productivas. De hecho, incluso en el peor de los días, meditar puede transformarse en un oasis que te proporcione un alivio de todo aquello que te altere. La regularidad tiene un gran poder transformador.

Encontrar una motivación positiva para meditar
El simple hecho de reflexionar sobre los beneficios que reporta el cultivo de la relajación y de la atención, tales como niveles de estrés reducidos, mayor tolerancia a las dificultades y una mejora en las relaciones con los demás puede ayudar a establecer un estado de ánimo adecuado que te permita llevar a cabo la práctica de meditación. Sin embargo, la mejor motivación es el deseo de ayudar a los demás.

No esperes nada
Siéntate y observa lo que ocurre. No te distraigas con la esperanza de tener resultados. Deja que la meditación te enseñe. Primero samatha y después trata de ver la realidad tal y como es *Y entabla amistad contigo mismo.* No nos conocemos mucho, aunque pensemos que sí. La mente es

como un iceberg: a duras penas vemos la superficie. Hoy en día se habla de muchos beneficios, incluso físicos, que vienen de la meditación, pero meditar con este propósito arruinará tu práctica.

No fuerces
No despliegues esfuerzos exagerados, no se puede meditar con agresividad interna. Sé constante, lo cual no es fácil. Es cierto que, al principio, la meditación requiere cierto grado de esfuerzo, pero sólo el justo. Con el tiempo, la meditación ocurre sin esfuerzo alguno.

No te apresures
Tómate tu tiempo, siéntate en el cojín como si tuvieses todo el día. Cualquier cosa valiosa toma su tiempo. El filósofo Spinoza solía decir que aquello que no requiera esfuerzo no es algo que valga mucho la pena. La paciencia es un arte que se aprende a desarrollar en cada sesión de meditación.

Ni te aferres ni rechaces nada
"Pase lo que pase, no te preocupes", solía decir mi Lama. Si en tu meditación aparece un buen pensamiento, bien; en caso contrario, también. No te pelees con lo que experimentes, simplemente obsérvalo con atención: sensaciones agradables, desagradables o neutras; pensamientos de distinta calidad… suéltalos y regresa a la respiración cuando tratas de despertar samatha. En el caso de que estés haciendo vipasana, analiza para constatar que son duhkha y transitorios. Si aparece algo desagradable –una sensación, un pensamiento…– no te condenes por ello, pasará, como el resto de las cosas.

Suelta
Aprende a fluir con los diferentes escenarios que aparezcan en la mente.

Considera todos los problemas como desafíos

Las resistencias que te encuentras para estabilizar tu mente son oportunidades para aprender cuando practicas vipasana. Es innecesario obsesionarte por escapar de ellas ni condenarte por el hecho de que aparezcan. Los problemas son como el estiércol necesario para producir buenos frutos en el campo de tu consciencia: una oportunidad para comprobar que son transitorios, dolor y ausencia de una entidad sólida.

Si la mente está baja o decaída no te derrumbes, obsérvala. Si te sientes triste, inquieto o deprimido, haz lo mismo. Con el tiempo aprenderás a ver que tú eres responsable de todos esos estados: obsérvalos, trata de discernir su naturaleza. Está en tus manos cambiar los que no te gusten. Observa las sensaciones internas que producen y las actividades mentales que le siguen. Trata de notar los cambios que ocurren en tu consciencia y ten claro que son universales.

Cualquier percepción inicial –sensorial o mental– activa sensaciones agradables, desagradables o neutras, y dichas sensaciones, a su vez, provocan una respuesta emocional: avaricia, deseo, ira. Es decir, en las sesiones es posible llegar a momentos pacíficos o inquietos de los que no es necesario colgarse ni tampoco es necesario tratar de perpetuarlos porque, de hecho, ninguno de ellos dura. La atención es la medicina.

Con la fuerza de samatha, vipasana te ayudará a darte cuenta de que:

1) El apego, la ira y la ignorancia están enraizados en tu psique.
2) No desaparecerán por sí mismos.
3) Son la causa principal del malestar que experimentas.

¿Son todas las meditaciones correctas?

Tanto la práctica de *shiné* o samatha como la de vipasana son dos instrumentos para percibir la realidad cabalmente. Puedes practicarlas en tu casa, no es necesario irse a un monasterio en los Himalayas. A menos que tu vida sea totalmente negativa, si empiezas progresas. El propósito es despertar la sabiduría, la visión superior y penetrante que te permita ver la naturaleza de la realidad.

Tenemos todo tipo de ideas asociadas al significado de la palabra *meditación*. Corren malas interpretaciones de lo que es y para qué debe servir la meditación. En occidente la asociamos sobre todo a cosas extrañas como dejar la mente en blanco o solo con la concentración unipuntualizada. Algunas ideas erróneas muy extendidas acerca de la meditación vienen a continuación:

La meditación es para relajarse. La meditación no tiene como objetivo *sólo* relajarse, sino algo de mayor alcance. Las tradiciones de meditación auténticas acentúan la concentración para estabilizar la mente en un tema o pensamiento y, si practicas habitualmente obtienes un estado de suprema tranquilidad y gozo, pero el propósito final es desarrollar sabiduría. La concentración y la relajación son esenciales para tener sabiduría. Conseguir la tranquilidad y paz interna que viene de la meditación lleva un tiempo. Por lo tanto, si esperas que sentarte a meditar te va a traer de inmediato tranquilidad de espíritu, es una expectativa irreal.

La meditación consiste en apartarse del mundo. Al revés, consiste en ir directamente al meollo de la realidad. No estás tratando de apagar la mente, lo cual es imposible; tampoco pretendes convertirte en un vegetal. Lo contrario: tratas de entonarte más y más para gestionar tus cambios emocionales. Tratas de cultivar atención para entender y ver con más claridad la realidad tal y como es: transitoria, duhkha y carente de una identidad personal sólida. Si te mantienes inconsciente o dormido en meditación, no estás meditando. No meditas para olvidarte de ti y tus circunstancias, sino para ver quién eres en realidad.

La meditación sirve para conseguir poderes. Leer la mente de los demás o levitar no es el propósito de la meditación. Es cierto que a niveles elevados podrían darse fenómenos especiales, como tener recuerdos de tus vidas pasadas, pero estos fenómenos pueden ser una trampa que te aparta de tu propósito. Se dice que dichos "poderes" sólo son útiles si, en vez de usarlos para engrandecer tu ego y aumentar tu agitación interior, los utilizas para servir a los demás. Por lo tanto, aprende a desarrollar atención en la meditación y simplemente suelta todo lo demás.

La meditación es egoísta. El propósito de vipasana es eliminar de la mente el deseo negativo, la ira y la ignorancia, lo cual predispone a despertar compasión y amor, que son lo opuesto al egoísmo.

La meditación es fácil de practicar cuando sabes lo que es, lo que no es, y cómo practicarla. Puedes esforzarte en prácticas que no son meditación real y terminar perdiendo el tiempo. Si te tomas la meditación como un pasatiempo, sinceramente, es mucho mejor que te sientes delante del televisor y sigas tu serie favorita. Meditas porque descubres que has heredado, por así decirlo, una especie de insatisfacción interna que no va a desaparecer por medio de tu voluntad. Ver la televisión te hará olvidar un rato dicha insatisfacción; en cambio, la meditación verdadera debe ayudarte a enfrentarte a ella y a gradualmente comprender dónde tiene su origen para poder erradicarla. El problema con entretenerte para no enfrentarte a tu dilema existencial es que la insatisfacción no se va... siempre regresa.

Nos hemos convertido en especialistas en esconder aquello que no nos gusta de nuestro interior, creyendo que éste es el mejor modo de solucionarlo. Obviamente, no es un acercamiento hábil, es como dejar la porquería debajo de la alfombra e insistir en que la habitación está limpia.

Intuyes que la vida debe consistir en algo más, que deberías poder sentirte feliz más a menudo, vivir más plenamente. Y, en ocasiones, pareces conseguirlo: "Oh, ya he encontrado el trabajo de mi vida" o "la pareja de mi vida" o "la casa de mi vida" o "Por fin voy a ser feliz, en realidad, es lo único que me faltaba". Pero esta sensación de riqueza y plenitud pronto se desvanece.

¿Notar esto significa que eres una persona rara? No, simplemente eres un ser humano que padece la misma enfermedad crónica que sufre el resto: *Esta especie de monstruo con muchos brazos que mora en nuestro interior.* Un monstruo que crea tensión, agitación, depresión, inquietud, falta de seguridad, incapacidad de sentir compasión y amor verdadero hacia los demás o sabiduría y paz interna. Nadie está del todo libre de este monstruo. En la tradición budista al monstruo le ponen el nombre de *ignorancia fundamental.* Es una fuerza implacable.

Aunque nuestra vida actual está ideada alrededor de pasatiempos cuya función es ayudarnos a *no tener que ver* nuestra verdadera realidad, el monstruo nunca desaparecerá hasta que te enfrentes a él.

La vida parece ser una lucha perpetua, un enorme esfuerzo contra no sabemos bien qué. Y siempre quedamos atrapados en el síndrome del "*si* condicional": "Si mi trabajo fuese más remunerado", "Si mis amigos fueran mejores, si mi pareja fuese así o asá mi vida sería plena o si no me cayeran las carnes, si tuviera menos michelines". Todas estas quejas vienen de tendencias que has ido acumulando tras años de condicionamiento sobre lo que creías que era la fuente de la felicidad.

La meditación trata de ver los recovecos de tus esquemas mentales perniciosos para así soltarlos. La esencia de la vida es el cambio. La fluctuación perpetua es la esencia del universo, de la vida, así es *la naturaleza de las cosas.*

Ante este flujo de cambio incesante, has creado tres cajas: una para poner todo lo que etiquetas como "bueno", otra para lo que crees que es "malo" y una tercera para lo "neutro". Lo que colocas en la caja "bueno" tratas de congelarlo, de hacer que dure, que se mantenga en el tiempo. Lo que colocas en la caja "malo", obviamente tratas de rechazarlo, de apartarte. Y entre estas dos reacciones está lo neutro, "ni fu ni fa", lo cual produce el hábito de ignorar y una ansiedad existencial profunda.

El resultado de esta clasificación rígida es que te conviertes en una especie de lunático persiguiendo con apego lo "bueno", que es imposible de retener, de congelar; generando aversión hacia lo "malo", que en muchas ocasiones no se puede evitar, e ignorando una mayor parte de lo que experimentas en la vida porque unas veces te encuentras con lo bueno y otras con lo malo, pero la mayor parte del tiempo tus sensaciones son neutras. No es de extrañar que cada día estés más agotado, sin energía, y sientas que la vida es tan plana.

Esta forma de pensar y vivir no funciona. Es muy claro, hay datos espeluznantes al respecto: en los países más avanzados, el suicidio entre los más jóvenes está creciendo exponencialmente. Quizás hemos de reconocer humildemente que algo no lo hacemos del todo bien.

Sufrimos y sentimos malestar porque estamos atrapados en la noria del deseo apego, del rechazo y la indiferencia. *Duhkha* no sólo significa problemas físicos o mentales, sino ese profundo estado natural de insatisfacción que te acompaña en todo momento. A simple vista te puede parecer pesimista o deprimente porque piensas que, después de todo, existen muchos momentos de bienestar y felicidad. Sí, por supuesto,

Buda nunca lo negó, sólo dijo que, aunque lo parezca, en realidad no son bienestar o felicidad real.

La próxima vez que sientas "felicidad" examina ese estado con cuidado y parece que, por debajo de esa felicidad, encontrarás una corriente de tensión producida por el conocimiento innato de que esa dicha va a terminar pronto: "Lo bueno dura poco", "Mañana, lunes de nuevo", "Las vacaciones se han terminado". Lo que sea que produzca eso que consideras felicidad y "la sal de la vida" va a terminar, va a perecer, te guste o no. Parece dramático, pero *sólo* si lo ves desde tu perspectiva mental ordinaria.

Hay otra perspectiva cuando observas tu mundo: no congelas, ni te aferras o exageras la naturaleza de lo bueno, ni rechazas o exageras la naturaleza de lo malo, ni ignoras lo que no cae dentro de estas dos cajas. Se puede aprender. Doma la propia mente para comprender el ciclo venenoso del apego-deseo, aversión e ignorancia: reconoce los deseos y las aversiones, pero que no te controlen; haz lo que hace cualquier persona, pero libre de esta compulsión obsesiva, de estar controlado por tu monstruo interno. Lleva tiempo cultivar la mente, pero siempre es mejor trabajar con lo difícil que con lo imposible. No es posible ser feliz si en tu mente pululan a sus anchas el monstruo y sus secuaces. Es decir, la ignorancia, la ira, el apego y tantísimas otras que te pasan totalmente desapercibidas.

El Dhammapada, un antiguo texto budista, dice que lo que somos ahora es el resultado de lo que hemos pensado en el pasado y que lo que serás mañana será el resultado de lo que eres y piensas hoy. Las consecuencias de la maldad que creas las experimentas tú y las consecuencias de la bondad también.

Esto es sólo una explicación. Para saber si lo que dice el Iluminado es cierto debes aprender a meditar bien y hacerlo habitualmente porque solo *creer* en lo que dice no te servirá de mucho en la vida.

La mente

Tanto el bienestar como el malestar dependen de la mente. En consecuencia, si deseas experimentar uno y terminar con el otro es preciso conocer la naturaleza y las funciones de la mente. Nada es más desconocido para nosotros que la naturaleza de la mente. ¿Es el cerebro?, ¿es el alma?, ¿qué es el alma?, ¿tiene forma la mente? En este último caso, ¿cuánto pesa?, ¿de qué color es? Parece que nuestra comprensión de la mente es difusa, ¿verdad?

Todos vemos el cuerpo y lo podemos tocar, oler, medir, pesar. El cerebro es una parte del cuerpo. Pero ¿y la mente, la consciencia? Muchos piensan que se trata del cerebro, que uno y otra son sinónimos. Pero, es notorio que el cuerpo es físico, se puede ver con los ojos, se puede operar, fotografiar, alterar. La mente, en cambio, no está compuesta de átomos, pero a la vez aprehende cognitivamente y refleja objetos. Todo lo que sabemos es lo que sabe la mente, el cuerpo no sabe.

¿Cuántas veces constatas que el cuerpo está tranquilo y relajado mientras que en tu interior aparecen tensiones, ajetreos y divagaciones sin parar? Es una simple indicación de que, a pesar de estar relacionadas, son entidades distintas. Y que estén relacionadas *no demuestra* que una sea la causa principal de la otra. La mente carece de forma, no se ve obstruida por objetos físicos como ocurre con el cuerpo. En un instante, mientras el cuerpo está sentado en el sofá puedes estar en Londres o París o irte a lugares muy lejanos.

Aprender a distinguir los estados inquietos y alterados de la mente de los estados pacíficos y tranquilos es vital. Quienes alteran la paz de nuestra mente son las emociones molestas (Skt. *klesha*) –la ira, el apego, la ignorancia fundamental, el resentimiento, la envidia, el orgullo, la duda negativa y un largo etcétera–. Y estos surgen por causas externas secundarias como la situación externa particular, otras personas, el tiempo, etc., pero en realidad aparecen por culpa, sobre todo, de causas en nuestro interior. Sin gestionar las causas internas que producen estas proliferaciones negativas, será difícil encontrar paz, porque las causas externas secundarias son imposibles de detener.

Se podría afirmar que la esencia de la meditación y de estudiar el sendero es *reducir* y gradualmente *eliminar* dichos estados mentales negativos.

La mente no es el alma, ni el yo, sino un conjunto de elementos no materiales transitorios que surgen y se desvanecen y todos ellos tienen la capacidad de influenciar y determinar la calidad de nuestros estados emocionales.

La mente es consciente de objetos. *Chita* (sánscrito) se refiere a instantes de consciencia que surgen y desaparecen, en rápida sucesión, dándonos la idea y la impresión de que es algo "sólido y estable". Cada instante cambiante de consciencia es cognitivo. En general se considera que la mente es aquello encargado de pensar, cuando es mucho más que esto. *Mente* o *consciencia* se refiere a las seis mentes primarias -la consciencia visual, auditiva, olfativa, gustativa, del tacto y la consciencia mental-.

Cada una de las consciencias sensoriales es consciente de su objeto respectivo: formas y colores, sonidos, gustos, sabores y tacto, pero quien piensa acerca de ellas es sólo la consciencia mental.

La consciencia visual es consciente de formas externas. Experimenta un objeto -forma y color- y depende del poder sensorial, que es un fenómeno físico sutil. Color y forma son fenómenos físicos. El poder sensorial visual no ve, sólo tiene la cualidad de recibir el color y la forma, de modo que la consciencia visual pueda experimentarlos.

Sin el poder sensorial físico respectivo no podríamos despertar las consciencias sensoriales, en consecuencia "el mundo" no aparecería. Cuando estamos durmiendo, sin soñar, el mundo no aparece: perdemos la consciencia de nosotros mismos, no sabemos quiénes son nuestros padres, amigos... ni tan siquiera dónde vivimos. Al despertar, el mundo vuelve a aparecer. Al morir este proceso es similar, la diferencia es que la separación entre tú y tu mundo ocurre de modo definitivo.

El malestar y la felicidad tienen su origen en la consciencia mental, no se encuentran en ninguna de las consciencias sensoriales. Es en la consciencia mental donde se encuentran las inclinaciones positivas y negativas, personales e intransferibles. Si aparece en ella un estado mental positivo, éste actúa como condición para que sientas bienestar; si se trata de uno negativo, surgirá malestar indefectiblemente. Una mente positiva es la propulsada por el desapego, la no ira, la no ignorancia. Una mente negativa es la propulsada por la ignorancia, la ira y el apego.

Todos tenemos tendencias acumuladas que son como microbios: están allí en estado latente y pueden aparecer en cualquier momento.

También es en la consciencia mental donde se encuentra el motivador de los buenos y malos actos. El Iluminado en los *Dichos de Longitud Media* decía:

> Los hábitos negativos son los actos negativos de cuerpo, palabra y mente,
> Y todos ellos tienen su origen en la mente.
> ¿Qué mente? La mente que tiene ignorancia, aversión y apego.

La mente puede tener matices distintos, unos más burdos y otros más sutiles. Por ejemplo, el apego puede llegar a ser tan intenso que te impulse a coger lo que no es tuyo o a mentir; pero también puede estar más escondido, como cuando eres generoso con alguien, pero en tu interior esperas que te devuelvan el favor. La envidia es mala consejera, ¿verdad?

Consume tu interior y te conduce a la malicia y a sentirte mal cuando tu objeto de envidia disfruta de cualidades de las que tú careces. Nada de esto ocurre en ninguna de las consciencias sensoriales, sino en la soledad de tu propia consciencia mental. Y por supuesto que, en estos casos, te hace vivir tu mundo de un modo triste e insatisfactorio. Lo que ocurre en tu interior te condiciona a vivir una vida más o menos feliz.

El apego se engancha a algo que te parece agradable; la aversión rechaza, se aparta de algo que consideras desagradable. La aversión no sale al mismo tiempo que el apego, pero se ve condicionada por este último. La aversión tiene muchas tonalidades; puede manifestarse en forma de insatisfacción, temor, desespero, repulsión, resentimiento, irritabilidad... Detrás de todo ello se encuentran las sensaciones, agradables, desagradables o neutras mal gestionadas. Y, detrás de ellas, tu propia ignorancia fundamental.

Es del todo natural que nos sintamos atraídos a objetos o situaciones agradables y que deseemos apartarnos de los desagradables, tanto unos como otros actúan como condición secundaria para el estado mental que surge como respuesta: la ira o enfado, el apego o la indiferencia.

En realidad, no hay nada en la naturaleza del objeto que pueda determinar la reacción hacia él. Que uno reaccione de una forma positiva o negativa depende de las propias tendencias kármicas acumuladas, personales e intransferibles. Si uno genera una atención sabia, responderá con mentes positivas; si no es así, con negativas. La ignorancia es creer saber, cuando, en realidad, no sabes. En este caso estás convencido de que responder con apego o ira a las sensaciones agradables o desagradables que surgen en ti por culpa de situaciones externas secundarias es lo correcto, cuando de hecho no lo es porque al actuar de este modo, simplemente perpetuas tu duhkha al reforzar la tendencia a actuar de ese modo poco hábil.

El viaje espiritual, necesariamente, debe empezar observando todo este material de trabajo, el estiércol que será responsable de tu crecimiento. Requiere una buena dosis de intrepidez de tu parte: *el deseo de enfrentarte a lo que hay y no pretender que lo que hay no está ahí.* Entender que tu lugar de residencia es estar dentro de los cuatro sufrimientos básicos: nacer, envejecer, enfermar y morir. Nos gustaría creer que somos fuertes, pero –como decía mi Lama tibetano– la verdad es que somos frágiles como la cáscara de un huevo. Por un lado, es dramático, pero por el otro es una buena noticia porque te permite entender que para protegerte de esta vulnerabilidad no te ha quedado otra que "crear" una imagen distorsionada y falsa de ti mismo y de la realidad: *crees ser sólido cuando eres transitorio; crees que encontrarás felicidad en cosas que no te la pueden dar, y te ves con una naturaleza personal sólida e independiente cuando nada existe de ese modo.*

El Iluminado no era un Dios, ni un salvador que quería que la gente siguiera sus enseñanzas sin cuestionarse nada. Sólo mostró el sendero a la comprensión de la verdad, pero eres tú quien tiene que investigar la verdad y desarrollar el sendero en tu interior. Por este motivo en una ocasión le dijo a su discípulo Ananda:

> En consecuencia, Ananda, sed una isla para vosotros mismos, un refugio para vosotros mismos, no busquéis un refugio externo; la Enseñanza es vuestra isla, la Enseñanza es vuestro refugio, no busques un refugio externo…

Vipasana te ayuda a observar tu cuerpo, tus sensaciones, tus pensamientos y ver que, detrás de ellos, no hay un yo sólido e inmutable; en todo caso, ese yo es otra entidad no sólida y transitoria. Así aflojas el aferramiento, sueltas lastre y por fin respiras hondo, aliviado.

Recuerda: el cuerpo es propenso a la enfermedad y al dolor. Y aunque tengas la buena fortuna de estar sano, seguramente después te sentirás insatisfecho/a para tener un cuerpo más fibrado y musculoso, un rostro más juvenil, una nariz más pequeña o grande. Tu cuerpo siempre te exige. El apego a tu cuerpo y al de los demás te roba la paz interior.

También aparecen en tu interior sensaciones agradables o desagradables y olvidas que son fenómenos transitorios, que pasarán, sea lo que sea lo que sientas. Intentarás congelar las agradables y eliminar las desagradables, cosa imposible porque son transitorias. Y si no lo aceptas, productoras de malestar burdo y sutil. ¿Por qué las sensaciones son productoras de malestar? Porque –obsérvalo, lo podrás constatar por ti mismo– siempre te hacen reaccionar con apego, ira e ignorancia.

Los pensamientos y las emociones positivas o negativas siempre aparecen y no es el propósito de la meditación reprimirlos, ni rezar para que no aparezcan. Les das la bienvenida, son viejos conocidos y trabajas con ellos. Te pueden ayudar en el camino porque si los observas desapasionadamente descubres su insustancialidad.

Seguro que ya debes de estar pensando: "¡Vaya, qué trabajo esto de la meditación! Había leído que servía para relajarse". Si y no. Ajan Chah, un gran maestro tailandés, decía:

> Hay dos tipos de dolor:
> el que te conduce a experimentar más dolor
> y el que te libera de él.
> Si no estás dispuesto a pasar por el segundo,
> nunca te liberarás del primero.

Para empezar a ser amo de tu mente piensa y vive con este mantra: "Todo es duhkha, transitorio y carente de una identidad personal sólida e independiente".

Además, la tradición budista mahayana te enseña que cuando miras bien a tu alrededor ves que *nada* existe de forma aislada, todo existe dependiendo de otras cosas, cualquier cosa depende de un número infinito de causas y condiciones para llegar a existir, permanecer y desaparecer. Tanto el mundo externo como tu mundo interno no existen como aparecen: todo parece existir *objetivamente*, por su lado, pero su modo real de existencia es *dependiente*. Similar a un sueño en un sentido: es aparente, pero sin una esencia intrínseca o esencial. La implicación de todo esto es que si algo *depende* no es *independiente*, en consecuencia, *carece de una esencia sólida, es vacío*.

La ciencia cuántica ya ha visto que la realidad, en parte es así. Los sutras del buda que tiene más de 2500 años de existencia ya lo mencionaban. Y esta experiencia es el secreto de la mente, lo que la libera de todas las tensiones y engaños. Al ser todo menos sólido tenemos una profunda sensación de alivio.

Ver a través de las apariencias de tus pensamientos, emociones y objetos externos es vital. Y si no lo haces, otorgarás a aquello que es fluido, cambiante y vacío una existencia que no posee y oscilarás siempre entre un mundo que te seduce o te amenaza, las dos expresiones básicas del apego y la ira. Esto impide que la calma mental sea una realidad en tu corazón.

La esencia del sendero

El adiestramiento interno implica desarrollar una manera correcta de ver las cosas. Esta manera especial de ver la realidad es la sabiduría del Dharma, aquello que nos protege del malestar y la insatisfacción. Samatha y vipasana son la clave para hacerlo posible

¿Por qué adoptar una visión especial del mundo y la realidad? Porque te evita problemas. Si cambiar algunos puntos de vista que tienes de la realidad te hace sentir más feliz, merece la pena. Es decir, si no aceptar que las cosas y circunstancias cambian te produce malestar y dolor, y aceptar el hecho de que todo cambia produce aceptación de lo que no es posible cambiar, ¿por qué seguir la primera actitud?

Hay cinco puntos básicos de reflexión:

1 Los problemas vienen de la mente
2 Todo lo que haces, dices o piensas trae consecuencias a medio y largo plazo
3 El cuerpo y la mente son entidades diferentes, pero relacionadas
4 No se experimenta felicidad mientras uno se aferre a visiones erróneas de la realidad
5 La raíz del malestar es el egoísmo y la raíz de la felicidad es estimar a los demás

1 *Estamos aferrados a la idea de que los problemas* sólo *vienen del exterior*
Esta actitud hace que, para estar bien o para evitar la infelicidad, tengas que ser una especie de Hércules, siempre tratando de cambiar la realidad. Para estar bien o para no estar mal,

necesariamente, el medio ambiente y lo que me rodea debe estar "a mi gusto y comodidad", lo cual es una actitud poco realista. Shantideva, filosofo mahayana del siglo octavo, decía que para evitar hacerse daño con las piedrecitas que llenan un camino hay dos soluciones: cubrir el suelo entero de piel o ponernos unos zapatos. Por ejemplo, si estás mal en tu lugar de trabajo te sentirás insatisfecho; luego esa insatisfacción te puede impulsar a culpar a los compañeros de trabajo de tus problemas. Si el malestar no cesa, empezarás a odiarlos hasta terminar viviendo en un mundo paranoico donde todos están en contra de ti. En realidad, lo más probable es que si cambias de lugar de trabajo probablemente termines encontrando los mismos problemas porque el malestar interno inicial puede no haber terminado, sigue latente... y no venía *exclusivamente* de tu entorno.

Es vital cambiar el lugar donde buscas la causa de los problemas: del exterior a tu interior. Por supuesto que los agentes externos son causantes de problemas, pero son secundarios. Si los problemas vienen principalmente de la mente, cambiándola, pueden cesar.

Cuando tenemos goteras en casa podemos hacer dos cosas para solucionarlo: usar la fregona o tapar las goteras. Si seguimos convencidos de que la raíz de nuestros estados de humor depende *únicamente* del medio ambiente externo, la vida se convertirá en un continuo "pasar la fregona", aparentemente más cómodo y fácil. Tapar una gotera es más elaborado, requiere cemento, una escalera, contratar a un albañil, pagarle… pero es definitivo.

2 *Vivimos sin prestar mucha atención a nuestros actos físicos, verbales y mentales porque estamos convencidos de que no traen consecuencias serias*

Crees que no hay relación entre tus estados internos –odio, avaricia, envidia, etc.–, los actos externos que llevas a cabo y el modo en que percibes la realidad. Puesto que observas muy poco tus intenciones y actos, ¿cómo puedes pretender entender lo que te ocurre?, y sin entenderlo, ¿cómo puedes conocerte a ti mismo? Sin conocerte, ¿cómo puedes entender a los demás?, y sin entender a los demás, ¿cómo puedes pretender vivir en armonía con ellos? Shantideva decía:

> Buscas la felicidad, pero te apartas de su causa,
> los actos positivos, como si fuese tu peor enemigo.
> Deseas apartarte de la tristeza y el malestar, pero corres
> tras su causa, los actos negativos, como si de tu mejor amigo se tratase.

La felicidad depende de los actos positivos y el malestar de los actos negativos. Practica los primeros y abandona los últimos. Sin adoptar este cambio de actitud, seguirás generando cualquier tipo de pensamiento sin ningún tipo de discernimiento y dirás y harás lo primero que te venga a la cabeza. Significa que no das dirección alguna a tus actos: no coges el timón, no tienes control sobre tu vida. No sabes ver las consecuencias de los estados mentales negativos y de los actos que realizas, y sin saber no hay libertad, sólo ignorancia.

Una reflexión a tener en cuenta: ¿qué hace que seas como eres?, ¿qué o quién es responsable de tu personalidad, tu forma de vida o tus pensamientos? Hay tres respuestas: Dios, la casualidad o la causalidad. Dedica cierto tiempo cada día a buscar la respuesta.

3 *Creer que la mente y el cuerpo tienen la misma naturaleza implica limitar nuestra perspectiva ante la posibilidad de transformar aquello que no nos gusta de nosotros*

Tus tendencias, tu forma de pensar o tu modo de actuar no tienen la misma naturaleza que tu cuerpo. No es fácil cambiar lo que no te gusta de tu cuerpo, aunque hoy en día uno puede operarse y disimular arrugas, etc. ¿Es posible cambiar u operar tus tendencias?

Una implicación de creer que cuerpo y mente son lo mismo es que estarás convencido de que la vida terminará en el cementerio, dentro de diez, quince o veinte años...o mañana mismo. Aunque es posible que, en el fondo de tu corazón, pienses que "debe haber algo más", esta visión limitada de la vida da pie a una visión pobre de ti mismo que será proyectada también hacia los demás. ¿De dónde vienen sino la depresión, la ansiedad que asola la sociedad moderna? Carecemos de una perspectiva interior que vea horizontes más lejanos y amplios.

El cuerpo es una casa de huéspedes y la mente, el huésped. Son diferentes en naturaleza: el cuerpo es temporal; la mente, en cierto sentido no lo es.

Dignaga fue el abuelo de la lógica budista; Dharmakirti es el padre. En uno de sus textos intenta explicar la existencia del estado iluminado o Budeidad por medio de razonamientos lógicos y demuestra que la naturaleza de la mente es diferente a la del cuerpo.

4 *Hay muchos tipos diferentes de emociones aflictivas no aparentes, unas más profundos que otras*

Una de muy obvia es aferrarse a la idea de que es imposible transformarse. En relación con el punto anterior, piensa que las aflicciones surgen en tu interior, no se manifiestan desde tu brazo, ojos o lengua. Si tienes tendencia a deprimirte o entristecerte cuando hace mal tiempo, sin darte cuenta estás creando la tendencia a responder de esa manera ante cualquier circunstancia adversa.

Otra creencia enraizada errónea es pensar que estos cinco puntos son falsos. Crees que la realidad es estática, permanente, cuando en realidad no es así. Estás convencido que aquello que comúnmente entiendes por felicidad es la única existente. Todas estas visiones a las que nos aferramos como verdades, paralizan nuestra energía y nos crean malestar imperceptible, cuando, como seres humanos, tenemos un potencial que nos permite trascender todo problema y experimentar una felicidad inamovible. La práctica de vipasana va encaminada a disolver todas las fantasías dañinas con las que vivimos.

Todos los seres estamos embarcados en la misma búsqueda: ser felices y apartarnos del malestar. Obviamente, las cosas no son tan simples porque, si este es nuestro deseo, ¿por qué cuesta tanto lograrlo? Dedicamos toda nuestra energía a arreglar el *mundo externo* para que se adecue a nuestras expectativas, convencidos de que así la felicidad será total.

La realidad es que, en ocasiones, tenemos dinero, pero nos falta paz interior; o tenemos casa y dinero, pero nos falta la pareja adecuada. Aparentemente parecería que el logro de estas condiciones es lo que proporciona la felicidad anhelada. Puesto que pocos las tienen todas, pensamos: "Si aún soy infeliz es porque me falta una de ellas". La realidad es que, en sí mismas, ninguna de ellas proporciona felicidad o paz interior. Hay muchas personas en este mundo que tienen todo lo que anhelan y mucho más. Y, si les preguntas si son realmente felices, te dirán que no.

La felicidad es un estado interior que depende de sus causas y no crearlas te convierte en un campesino que, sin plantar semillas de sandía, espera comer sandías en verano.

Tanto la felicidad como el dolor son estados mentales, en consecuencia, sus causas principales no se pueden encontrar fuera de la mente. La causa real del bienestar es la paz interior que proviene de superar las alteraciones mentales. Si la mente es pacífica, te sentirás bien; si está alterada o agitada, te sentirás mal. ¿Cuántas veces has estado en entornos externos maravillosos sintiéndote una piltrafa? Es imperativo empezar a adiestrarte en crear, desarrollar y mantener una experiencia interior especial de paz. El único modo de lograrlo es adiestrando la mente por medio de la meditación y la práctica espiritual: reducir y eliminar tus estados negativos y reemplazarlos por positivos.

Estas aflicciones emocionales son "elementos que distorsionan tu naturaleza, la del entorno y la de los demás y además te roban la paz". Por ejemplo, la ira y sus derivados te hacen ver a quien va dirigida como alguien "sólido y permanentemente malo". Es una ficción a la que te aferras porque no hay nada ni nadie con estas dos características. Cuando estás airado no hay espacio en tu mente para ver nada positivo en el objeto que te altera... aunque sea un objeto estimado y querido.

¿No te ha ocurrido en alguna ocasión que, de repente, entablas amistad con quién había sido tu peor enemigo? En el lado opuesto, el apego ve una entidad agradable sólida y eternamente bella". Otra ficción: ya sabes, aquella persona que tanto te gustaba la empiezas a ver como desagradable.

Las aflicciones emocionales proyectan desde tu interior una versión distorsionada de la realidad y después te relacionas con ella como si realmente existiese de ese modo. Te olvidas por completo de que "esta versión" viene de ti. En realidad, para ser más preciso, viene de tu emoción molesta. Después te peleas con fantasmas de tu propia creación.

La buena noticia es que a pesar de que estas tendencias engañosas están muy integradas en ti, no forman parte intrínseca o natural de tu mente y, por ello, *se pueden erradicar*. Las aflicciones emocionales son *hábitos, tendencias* que pueden ser superadas, minimizadas e incluso erradicadas por completo.

En el camino espiritual se oyen términos como el *Nirvana*, que todos queremos alcanzar. Por un lado, tenemos ese ideal de "libertad total de todo lo que nos impide estar bien". Pero, si te pudieses mirar en un espejo capaz de reflejar tu mundo interior, te desanimaría ver que refleja cosas que te desagradan: celos, envidia, ira, rencor, orgullo, inquietud, mentes depresivas y tristes, y otras muchas. Esta lucha para reconciliar la idea que tienes del Nirvana con la propia confusión es, en realidad, el punto de partida del camino. Es posible que sí, que estés confuso, pero también lo es que puedes hacer un buen uso de esta situación.

5 *Estamos convencidos de que "procurar obtener lo mejor para uno mismo es la base de toda felicidad"*
Todo el mundo sabe que ser egoísta es, incluso, señal de mala educación; sin embargo, la gran paradoja es que todos alimentamos este vicio que no reporta beneficio alguno. Crees que tu éxito o trabajo en la vida únicamente depende de "mis esfuerzos". En parte es así, pero el esfuerzo sólo es una causa secundaria; si fuese la principal, ¿cómo podrías explicar que, a pesar de que hay tantos que se esfuerzan, tan pocos consiguen éxito? La causa principal es el propio karma.

Dos personas con un nivel similar de educación y capital para invertir pueden empezar el mismo negocio y uno triunfa y el otro fracasa. Tanto el egoísmo del triunfador como el del fracasado son idénticos, lo que marca la diferencia es su karma: uno tiene el karma para triunfar y el otro para fracasar.

Si lo investigas bien comprobarás que estos cinco puntos de vista están en contradicción con los que tienes habitualmente. Practicar Dharma, en cierto sentido, es ir en contra de las propias tendencias habituales. Se cuenta que después del periodo de ascetismo del Buda, una campesina le dio leche y arroz en un cuenco de oro. Buda estaba sentado bajo el árbol *bodhi* y, después de beberlo, se sintió renovado y fuerte. Tras determinarse a no dejar de meditar hasta llegar a la Iluminación, dijo: "Depositaré el cuenco en la corriente del río. Si va río abajo, arrastrado por el agua, no me Iluminaré; si va río arriba, es decir, contra corriente, me Iluminaré".

Por supuesto, el cuenco se movió corriente arriba. Es una indicación de que la manera de pensar del Dharma es opuesta, por decirlo de alguna manera, a la forma de pensar ordinaria.

El objetivo principal del sendero espiritual es cambiar la manera de pensar, abandonar esquemas de pensamiento incorrectos y adoptar nuevos. Y no porque sean nuevos, sino porque son correctos. Has de ir adoptando nuevos hábitos de pensamiento hasta que se vuelvan habituales y "espontáneos" ¿Cómo hacerlo posible? Por medio de la meditación.

No es fácil porque tus hábitos —la manera de responder de la mente— siempre siguen el camino de menor resistencia. La mente viaja por surcos: una actitud repetida crea un surco profundo, por el que de manera muy fácil la mente viajará. Una actitud nueva es difícil de generar porque la poca repetición hace que el surco no sea muy profundo. Por eso cuesta tanto emprender el sendero espiritual. ¿Por qué tienen tanta dificultad un bebedor o un fumador o un jugador empedernidos en dejar esos hábitos? Porque el surco cavado es muy profundo.

El objetivo de la meditación es crear surcos nuevos en el campo de la consciencia por los que una mente nueva pueda fluir. Por ello se recalca que la meditación es *familiarizarse constantemente* con pensamientos o puntos de vista de la realidad correctos que producen bienestar. Para hacerlo se requiere concentración, que es la facultad que mantiene la mente de un modo unipuntualizado sobre el punto de vista nuevo, y la atención es lo que inicialmente se coloca sobre el objeto impidiendo que la mente se distraiga. Estos dos elementos cavan el surco.

Debido a su sutilidad, no es fácil usar la atención en la meditación. Para empezar a generarla es bueno desarrollar una atención un poco más burda: la de estar atentos a nuestros actos de cuerpo, palabra y mente para practicar la ley del karma, apartándonos de lo negativo impulsados por el refrenamiento de los estados mentales negativos. Esta actividad tiene el nombre de comportamiento ético, que no significa reprimir tus deseos sino evitar la proliferación de emociones aflictivas y los actos que impulsan, que te perjudican a ti y a los demás. Si en tu mente hay ausencia de intenciones negativas, automáticamente tienes un estado de paz y claridad internas.

No confundas *refrenar* y *reprimir*. Son totalmente distintos: el primero está basado en la sabiduría y la comprensión y por tanto es positivo y productor de felicidad; el segundo está basado en la ignorancia y por tanto es negativo y productor de malestar.

Un comportamiento ético calma la mente, lo cual es esencial para meditar. Una cita dice que la ética es como el rayo de luz de luna que refresca el fuego provocado por las emociones aflictivas. Los engaños provocan ansiedad.

Una mente con engaños y aflicciones mentales es incapaz de sostener objetos virtuosos de meditación. Es como si nos fuéramos a celebrar un banquete de ostras en una pocilga: podemos poner un precioso mantel y cubiertos de oro, pero la situación será insoportable. Del mismo modo, si la mente está llena de estados negativos es difícil que surjan los positivos, de ahí la importancia de la disciplina ética. La ética es como un campo en el que siembras las semillas de la concentración que produce los frutos de la sabiduría del Dharma. Estos tres aspectos constituyen la esencia del sendero y, como en un trípode, las tres patas son vitales.

Las tres características de la realidad

El *Abhidharmakosha*, una obra clásica budista, menciona *cuatro alimentos básicos* que nutren nuestra vida. Son los siguientes:

1 *Comida masticable*, es decir, la comida habitual, como fruta, cereales, verdura, etc; algo que debas masticar y te aporte nutrientes para tener un cuerpo en buen estado.

2 *Sueño suficiente*. Si te privasen de dormir un par de días entenderías lo importante que es.

3 *Esperanza*. En ocasiones cuando todo se derrumba a tu alrededor hay una fuerza interior: "Voy a seguir…". Es como un tipo de alimento si piensas en ello.

4 *Concentración*. Alimentamos nuestro espíritu de aquellos momentos en que estamos absortos leyendo algo que nos inspire, viendo una obra de teatro, etc., pero se alimenta de manera especial con la meditación que llevamos a cabo en el retiro de *Vipasana y mucho más*. Desarrollar la capacidad de enfocarte en algo que no sean tus problemas habituales refresca tu energía física y mental.

En la tradición budista el desarrollo espiritual empieza cuando te das cuenta de que tu cuerpo y tu mente son la base de cualquier desarrollo ulterior. Lo denominan *la base* del sendero. Para motivarte a meditar, piensa que, como humano, tienes una herramienta que te permite trabajar para entender mejor tu realidad. Ya lo usas para saber lo que ocurre en el exterior. Piensa también que no es fácil tener todas las condiciones para empezar una práctica de samatha o de vipasana, sólo el hecho de que no pudieras ver u oír sería un gran obstáculo. ¿Te has dado cuenta de la bendición natural que ya posees? Puedes ver, oír, caminar, pensar, tienes un interés sincero por saber quién eres o cuál es el sentido de la vida. ¿Crees que todo el mundo se plantea estas cuestiones? Si lo piensas bien, no es fácil encontrar el tiempo libre ni la apertura interna para empezar un sendero como el de samatha y vipasana. Regocíjate, aprecia lo que eres y tienes.

Si usas bien esta base de trabajo –tu cuerpo y mente– puedes mejorar tu ética, tu concentración, tu sabiduría y liberarte de todo dolor. Aprovecha bien esta situación porque es frágil e incierta, "como una vela en medio de vientos que van y vienen" –decía el gran sabio budista Nagaryuna–. No sabes el tiempo que te queda de vida.

Vipasana es un tipo de meditación que usa la atención para investigar cualquier cosa que ocurra en tu interior: buenas y malas sensaciones, malestar, inquietud, aversión, recuerdos, proyectos, estados de tristeza, de felicidad... simplemente observa. Es indispensable para empezar en el sendero que conduce a la libertad. Sin embargo, para analizar e investigar es preciso tener un marco estable de atención y concentración. Practicar estos dos requiere cierto nivel de conducta ética y paciencia. Lo normal en un retiro de meditación budista es que, algunas sesiones puedan parecer largas y otras cortas, y aprender a aceptar lo que sea que experimentes te ayuda a mantener la mente equilibrada. Mantener silencio favorece la concentración y evita que se disipe tu energía.

Como se ha comentado, la psicología budista resume la mente en seis consciencias: cinco sensoriales y una mental. La meditación se lleva a cabo *sólo* con la mental.

Con el desarrollo de vipasana uno se vuelve más consciente de las tres características de los fenómenos: Malestar, dolor, insatisfacción (*duhkha*), impermanencia, transitoriedad (*anicca, anytsya*) y ausencia de una entidad personal sólida e independiente (*anatman*). Vivir en consecuencia corta nuestros aferramientos y nos guía hacia la sabiduría y el Nirvana.

Duhkha: dolor, malestar, insatisfacción, sufrimiento
Buda empezó su enseñanza hablando de duhkha, este elemento desagradable que impregna nuestra vida, y señaló que era importante identificar duhkha si quieres transformar tu vida en una fuente de inspiración.

Todos sabemos que en la vida hay dolor y malestar, lo que seguramente desconocemos es que reflexionar en ello 1) te aleja de fantasías insanas, 2) te vuelve más humilde, 3) te llena de energía para buscar una solución, y 4) te ayuda a despertar amor y compasión hacia ti y todos los seres.

El término duhkha se puede malinterpretar con facilidad porque entendemos que alude *sólo* al sufrimiento obvio, cuando no es así: tenemos y padecemos duhkha incluso cuando "no sufrimos". Por ello es mucho mejor entender que implica términos como malestar interno, insatisfacción, angustia existencial, frustración, temores profundos, inseguridades diversas y un largo etcétera.

Duhkha se refiere a la primera noble verdad, la condición en la que nos encontramos; el diagnóstico preciso que hizo Buda para describir nuestra vida. "Todo es dukkha" tiene un sentido más amplio que si dices "todo es sufrimiento". *Duhkha* originalmente significaba una rueda en mal estado. El *duh* en *duhkha* viene del prefijo *dus*, que significa *malo*. En nuestros idiomas el prefijo se transformó en *dis*, como en *disfuncional*, *disentería*, o como en inglés *disappointment* o en español, *decepción*. Explorar los cuatro fundamentos de la atención o *satipathana* te revela duhkha ante tus ojos.

Meditar en duhkha consiste en identificar sus distintos niveles, burdos y sutiles, y usarlos para despertar estados mentales positivos y productores de bienestar inmediato. Uno de ellos es el que se conoce como *renuncia*, el deseo de eliminar todo tipo de malestar sabiendo que es posible lograrlo. Esta motivación ayuda a despertar lo que hoy en día denominan *resiliencia* ante las vicisitudes de la vida. Además, cuando anhelas separarte de tu duhkha, fácilmente vas a desear también que los demás se libren de su sufrimiento: desarrollas la mente compasiva.

Pido al lector que aborde las descripciones de duhkha con un estado mental flexible, ya que no se explica para deprimirnos, sino para ayudarnos a despertar del sueño de la ignorancia.

Considera cuántas veces experimentas incertidumbre, inseguridad, obsesión, aburrimiento, tristeza, encontrarte con lo que te desagrada y verte apartado de lo que te agrada; piensa cuántas veces experimentas una alegría breve o sientes el deseo de experimentarla y no puedes hacerlo, o sufres soledad, el no entender lo que ocurre en tu interior y muchas molestias más. Pregúntate si estos estados afectan tu día a día y saca tus propias conclusiones.

Obviamente, no nos agrada ver, pensar o hablar de esta realidad, preferimos creer que no hay dolor, que ocurre esporádicamente o que sólo les ocurre a los demás, cuando la realidad es que impregna nuestra existencia debido a que transportamos en nosotros las semillas del malestar.

El motivo por el que Buda habló, en primer lugar, de duhkha fue para que reconocieras tu realidad, no para que la ignoraras. Si esta última actitud desenraizara duhkha, sería maravilloso, pero duhkha está activo y, por sí solo, no desaparecerá.

El reconocimiento de que no puedes escapar fácilmente de duhkha es el principio para empezar a liberarte de él: aceptas que la vida es imperfecta y entiendes que para liberarte de duhkha has de detectar sus propias causas profundas. Para estar bien has de tener el dolor y el malestar lo más alejado posible, es cierto, pero nuestra sociedad se ha construido alrededor del temor al sufrimiento y por este motivo tenemos a ancianos, enfermos y muertos en lugares especiales, apartados. No nos gusta que nos recuerden lo que nos espera. Pero esta actitud ni desenraiza ni te aparta de duhkha.

Buda aconsejó no ignorar duhkha, *sino despertar el deseo de liberarse de él.* Por supuesto que preferimos estar siempre bien y cuanto más lejos del malestar mejor. El tema, no obstante, es que, aunque no lo quieras, duhkha siempre aparece en tu vida. Por supuesto que tienes muchas experiencias agradables, pero en realidad son breves y terminan siempre demasiado velozmente; son como una especie de dolor de baja intensidad, disfrazado de bienestar. Analiza si es así o no.

Tu vida se puede resumir en un intento más o menos exitoso de unir muchas experiencias de felicidad breve para así seguir aferrado a la ilusión de que no experimentas dolor, pero el modo en que cambian las cosas es demasiado veloz como para que puedas congelar esos breves instantes. Buscar el mejor de los goces es normal, pero es contradictorio con la naturaleza placentera que produce cualquier cosa agradable que ves, oyes, hueles, saboreas y tocas ya que son muy efímeros. Lo que en realidad buscas es una especie de contento que sea inalterable, que no dependa de los acontecimientos externos, pero sé honesto: ¿sabes siquiera si esto es posible?

Buda no dijo que fuese negativo disfrutar de los *placeres breves* cuando aparecen, más bien señaló que, por tu bien, es mejor que sepas que, cuando este estímulo externo desaparece, esa "felicidad" también lo hará.

Recuerda: experimentar estos estímulos no es negativo, lo que has de entender y aceptar es que los podrías tener todos y sentirte igual de incompleto.

La felicidad duradera, en cambio, no depende de los estímulos externos. En nuestra cultura, Aristóteles lo definía como el bienestar –*eudemonía*– que surge cuando la mente funciona en armonía con la bondad. Es el bienestar que se manifiesta cuando la mente está en armonía con la realidad. Uno de los sentidos del término *yoga* en tibetano es *neljor*, que viene a significar *unirse con la realidad tal y como ella es.*

Leemos en textos de Dharma términos como *renuncia, desapego*, y quizás los asociamos con estados represivos, de indiferencia o frialdad, cuando no tienen en absoluto este sentido. La renuncia, por ejemplo, es un estado mental *alegre* que surge al descubrir que –¡por fin! – has encontrado el camino a la liberación del malestar, de duhkha. El modo en que funciona tu mente hasta ahora ha sido parecido a "consentir a un marido malvado". Has estado toda tu vida enamorada de un hombre que, en realidad, no ha dejado de maltratarte a ti y a tus hijos, pero lo has disculpado durante años. Creías que nunca podrías salir de esta situación e incluso tratabas de disculparle: "Es su naturaleza", "no quiere hacerlo, pero pierde los papeles". Un día, despiertas, entiendes que siempre te ha perjudicado, que no te amaba. Estabas convencida de que algún día cambiaría, que podría darte felicidad en lugar de malestar. ¡Ahora, por fin, ya sabes que pretendías encontrar felicidad en un sitio que sólo puede darte malestar! ¡Qué liberación! A este estado los tibetanos lo denominan *emergencia definitiva*, la *renuncia*: entiendes profundamente que nada en lo que te has apoyado hasta ahora te va a proporcionar el bienestar y la paz interior que buscas y sabes también lo que has de hacer para solucionarlo.

La renuncia o la emergencia definitiva es el reconocimiento de que la felicidad genuina no surge de los estímulos físicos o mentales, sino de eliminar las causas internas del malestar y el descontento; así uno se determina a emerger definitivamente del malestar, de *dukha,* y experimentar el gozo innato que se halla en la mente liberada.

Respecto al pensamiento de la renuncia, ya se ha comentado que *renuncia* te puede parecer un término feo, pero básicamente consiste en saber que las distintas salidas que buscabas no podían llevarte a tu destino y ahora, por fin, has encontrado el camino. Esta determinación virtuosa es un buen objeto de vipasana y samatha

Quizás tienes dudas de si es posible ir más allá de duhkha, pero lo es porque la naturaleza de la mente es, en esencia, pura y sólo *temporalmente* se ve alterada por la fuerza de las emociones aflictivas, responsables últimas de todo el dolor que experimentas. Samatha y vipasana limpian la mente para permitirte experimentar dicha pureza absoluta.

Las escrituras señalan que peor que el malestar físico es el dolor que se experimenta en lo profundo de la mente. Ten en cuenta que la ira, la aversión, el rencor, la envidia, el orgullo, la ignorancia, el egoísmo y muchos otros son estados mentales que alteran tu humor, tus actos y tus palabras. Te condicionan. ¿Puedes ser libre o feliz si te ves condicionado por tus propias energías negativas?

La característica de la existencia es que todo lo que está sujeto a las aflicciones mentales mencionadas está atado a duhkha. Dichas aflicciones te impulsan a creer que las cosas y personas que te rodean son la *causa real* de la felicidad y el bienestar, pero una investigación cuidadosa deja en evidencia que no es así, que sólo son condiciones que *contribuyen* a ello. Según el Iluminado es así: si has creado causas de felicidad, la experimentarás, aunque estés solo; si no las has creado, aunque estés rodeado de gente, posesiones agradables, etc., podrás sentirte muy infeliz. ¡Cuántas veces te encuentras con personas que tienen todo lo que desean y no son felices!

Hace un tiempo vi una divertida foto de un anciano monje tailandés, el gran Ajan Chaa, con una sonrisa increíble y con los brazos levantados. Debajo había escrita una frase peculiar: "¡Qué alegría descubrir que no hay felicidad en este mundo!". También podrías decir: "Qué alegría saber que el agua salada no calma la sed". Por fin sabes que no hay felicidad duradera mientras tu mente esté dominada por aflicciones mentales engañosas. Sólo cuando dejas de correr de un lado a otro en busca de una felicidad inexistente y aceptas la vida con su baile de cambios, sus diez mil gozos y tristezas, sólo entonces puedes empezar a encontrar paz y sabiduría.

Comprender duhkha implica darse cuenta de que siempre has estado buscando salidas inadecuadas para sentir plenitud interior. Cuando te des cuenta de la profundidad de duhkha y despiertes el deseo de liberarte has encontrado el sendero.

La impermanencia, la transitoriedad

Del mismo modo que no queremos pensar en duhkha, el malestar existencial, tampoco queremos ver de cerca las implicaciones de la transitoriedad de la vida. *El Mahabaratha* dice que cada día hacemos el mayor de los milagros: a pesar de que vemos a la gente envejecer, enfermar y morirse a nuestro alrededor, seguimos viviendo con el pensamiento de que, de algún modo, no nos ocurrirá a nosotros.

A medida que practicas vipasana, específicamente los cuatro fundamentos de la atención, experimentas la impermanencia de muchos modos. ¿En qué consiste tu vida? Ver cosas que cambian, escuchar cosas que cambian, tocar cosas que cambian, saborear cosas que cambian, oler cosas que cambian, experimentar sensaciones que cambian, tener pensamientos que cambian, acompañado en todo momento de un yo que no deja de cambiar.

Es fácil: abre los ojos, oyes un sonido y al instante se ha desvanecido; pasa un pensamiento y otro ocupa su lugar; las sensaciones son variables a lo largo de un día, a cada instante naces y mueres. La ciencia ya lo sabe, pero no usamos este conocimiento para desprendernos de los problemas interiores que nos asolan porque creemos que existen de un modo en que no existen: *sólidos y no cambiantes*.

El budismo no habla de un pecado original sino del poder de la ignorancia. Un tipo de ignorancia es creer que es posible solidificar cosas o situaciones que, en realidad, son transitorias. Puesto que te asusta el cambio, creas actitudes que te convenzan de lo contrario: “Nada cambia, todo permanece”, pero la realidad cruda y dura de la vida es el cambio. Cuando quieres que las cosas sean diferentes de lo que son estás destinado a la frustración, el caldo de cultivo ideal para despertar la ira, el apego y estados depresivos diversos.

No hay nada en lo que refugiarte, es como buscar un lugar estable en medio de un terremoto. Desarrolla la "sabiduría de la inseguridad" y este será tu refugio. Y, con el tiempo, entablas amistad con el hecho ineludible que te acompaña desde tu nacimiento: eres perecedero. En lugar de esforzarte en crear un mundo fantasioso que no cambie y del que te puedas colgar como refugio ante tu soledad y dolor, puedes abrirte a la verdad inamovible del cambio.

Un aspecto muy importante de vipasana es desarrollar una experiencia personal de la *transitoriedad de la vida*: de tu cuerpo, de tu aspecto, de tu salud, de tus gustos y desagrados, amistades… Todo cambia, lo que hoy es una moda mañana te puede parecer ridículo.

En meditación experimentas que el aire de la respiración es siempre nuevo, entra y sale. El primer micro instante de la inspiración consta de partes –la inicial, la media y la final del primer instante y así…–. No es un fenómeno sólido. Del mismo modo, una sensación aparece, y desaparece…Otra viene y se va… El dolor en la rodilla del principio de la sesión de meditación ahora ya ha desaparecido.

Todos aprendimos que las células del cuerpo cambian cada cierto tiempo. No te sirve de mucho este conocimiento a no ser que lo integres en tu vida. En realidad, las partes de nuestro cuerpo se mueven y cambian tan deprisa que crean la percepción de solidez. Buda lo experimentó en meditación y de este modo se liberó. Si comprendes experiencialmente que todo cambia, *indirectamente* amanece la comprensión de que tu yo no puede ser sólido y en este espacio surge la verdadera humildad. Y este es el propósito de vipasana: ver mejor lo que siempre ha estado presente.

Ausencia de una identidad personal sólida e independiente (*anatman*)
Escuchamos o leemos muchas veces el término *vacío, vacuidad.* A un nivel muy básico, significa que el yo no es sólido: no existe una identidad, un yo que sea sólido e independiente; existe un fluido de experiencias cambiantes. La creencia en un yo, en un sentido de identidad sólido y separado del resto de cosas y al que le ocurren eventos también sólidos, es uno de nuestros engaños más enraizados.

En realidad, el cambio constante de tus agregados psicofísicos te confunde porque produce la ilusión de que eres o tienes un yo sólido y no cambiante. Te olvidas de que el yo de hace un instante ya no es el mismo que el yo del instante posterior. El yo sólido no es más que un aferramiento a una "continuidad discontinua del mismo tipo". Después lo instauras como el rey, el centro del universo. Ahora bien, no te confundas: Buda nunca dijo que no tuvieses una identidad o que no haya nadie a quien le ocurran cosas, por supuesto que estás tú, hay alguien, hay un yo, pero tiene una cualidad distinta a la que le otorgas y de la que te cuelgas. Esta es la confusión y, por su culpa, se pone en movimiento duhkha.

La ausencia de un yo sólido, *anatta*, o *anatman*, alude al sentido distorsionado de quién o qué eres en realidad. Cuando observas bien el cuerpo, los estados mentales, las sensaciones y los objetos, ¿hay algo que sea claramente un yo que no cambie y que sea *autónomo*? Es decir, ¿crees que existe una entidad *estable*?, ¿es tu yo el mismo ahora que el de tu juventud o el de hace cinco instantes?, ¿hay algo que pertenezca verdaderamente a tu identidad personal?, ¿cuál es esa identidad personal?

Una idea errónea adicional que te ayuda a solidificar tu identidad, el yo, es creer que controlas lo que te pasa. Para ver que es otra ficción, si cabe más profunda que la anterior, pregúntate: "Cuando me siento a meditar, ¿elijo los pensamientos o sensaciones que voy a tener?, ¿puedo elegir que no aparezcan pensamientos o que mi cuerpo no envejezca?, ¿qué es lo que controlo en realidad?".

Todo aparece, se mantiene y se desvanece, y a medida que la atención se vuelve más profunda esta verdad se vuelve más clara. *Es posible vivir y seguir teniendo un sentido de yo en ausencia de estos dos errores.* La práctica es profundizar en ello para así soltar... soltar las causas profundas de tu duhkha.

En la tradición mahayana se hace una profunda investigación sobre esta base que da pie a la comprensión de que, no solo el yo, sino absolutamente todos los fenómenos carecen de una identidad esencial o intrínseca porque todo existe de modo interrelacionado.

Qué es vipasana

Vipasana es la puesta en práctica de los *Cuatro Fundamentos de la Atención*, que aparecen en el *Satipathana Sutra*, en el *Anapanasati Sutra* y en otros discursos atribuidos al Buda. Se trata de un método directo y gradual para cultivar la atención y desarrollar una comprensión clara de la realidad. La atención se enfoca en aspectos de tu propia existencia y los examina. Uno se adiestra para ver claramente el fluido de la experiencia vital: escuchar y ver con atención lo que acontece en nuestro interior.

Vipasana es tanto teórico como práctico. "Siéntate y observa el espectáculo". Parece fácil y no lo es. Su finalidad es poder ver más allá de las cortinas ilusorias que te hacen confundir la realidad. Ya se ha comentado que el propósito último de vipasana es aprender a ver y a vivir las tres verdades universales explicadas en el capítulo anterior: 1) todo es *transitorio*, 2) hay niveles distintos de *malestar* o *duhkha* de los que te puedes liberar y 3) careces de un yo *sólido, independiente y controlador.*

El sentido de vipasana es *visión especial, visión superior.* En todas las tradiciones budistas –theravada, mahayana y tantrayana- se practica vipasana, o los *Cuatro Fundamentos de la Atención*, aunque con matices distintos. Por ejemplo, los tres aspectos mencionados en el capítulo anterior se encuentran en las prácticas comunes del nivel inicial y medio del Lam Rim, donde se usa la reflexión y el análisis[6].

Normalmente vemos la vida a través de una pantalla de conceptos e ideas fijas y solemos confundir dichos conceptos con la realidad misma. Por ejemplo, cuando te relacionas

---

6 Lam Rim es un compendio de todos los puntos esenciales de la enseñanza de Buda. Ver *Senda de Luz* y *Tratado del Lam Rim medio* en www.edicionesamara.com

con un conocido, ¿con quién te relacionas de verdad, con él o con la imagen que te has creado de él? Y lo mismo si es un desconocido: ¿cuántas imágenes equivocadas te formas de la persona en cuestión? Si este error quedara confinado en la soledad de tu mente no sería dramático, el punto es que el modo en que piensas de ellos afecta y condiciona la relación que puedas entablar.

En los textos budistas se explica que una función de la mente es usar conceptos, que denominan *generalidad del significado*. Se trata de una *generalización* que hace la mente basándose en la categoría en la que encaja un objeto de tu campo perceptual. Es una afirmación conceptual muy útil, pero también puede resultar muy dañina, como cuando juzgas a una raza entera basándote en un estereotipo.

Ciertamente, situar los objetos dentro de categorías que puedas manejar es un papel esencial de la consciencia conceptual. Si le pido a un amigo que me compre una botella de agua en el supermercado, sé que no vendrá con comida para gatos. Pero hay un lado negativo de este proceso mental y es que, al *generalizar*, es fácil negar u obviar las cualidades *específicas* del objeto. Puedes encasillar, reducir a un estereotipo o, en el peor de los casos, juzgar a una persona basándote en tu "suposición generalizada y categórica acerca de un grupo". El prejuicio –racial, sexual o de cualquier otro tipo-, que es la causa de tanto sufrimiento en el mundo, es probablemente la manifestación más peligrosa de este tipo de conceptualidad porque modifica y colorea tus percepciones.

Si te enamoras de alguien y no eres consciente de que, en parte, te has enamorado de una imagen ideal que tú proyectas sobre alguien que, inevitablemente, va a cambiar, tendrás problemas cuando esa persona cambie y no encaje más con dicha imagen.

Imagina que estás tratando de meditar y, en la distancia, oyes ruidos, alguien habla en voz alta. Estas vibraciones ruidosas llegan a tu sistema nervioso y lo estimulan. "¡Cómo se atreve!". Este proceso podría ser considerado una mera experiencia de *transitoriedad*, de *duhkha* y de *ausencia de identidad personal sólida e independiente*. En lugar de reflexionar y darte cuenta de esto "solidificas" conceptualmente esa percepción auditiva: "Podría irse a su casa a hacer ruido", "No voy a poder meditar", "Ya lo decía yo, la meditación es para alguien que vive en un monasterio…". En lugar de ser consciente de la respiración, de tus sensaciones incómodas y de tus reacciones mentales, has caído presa de la ira.

¿Qué haces cuando en la meditación sientes dolor en alguna parte del cuerpo? En primer lugar, ajusta la postura. Quizás estás forzando, o no has aflojado el cinturón de tus pantalones o el cojín no es adecuado. Si el dolor persiste, transforma esa incomodidad en tu objeto de meditación y obsérvala atentamente: no te resistas, entra plenamente en el malestar, explora esa sensación y tu deseo de reaccionar… pero no lo hagas.

Hay dos cosas a tener en cuenta: la sensación de malestar y tu reacción. La reacción física puede manifestarse en forma de tensión en los músculos alrededor de la zona dolorida. Relájalos uno a uno porque, en ocasiones, disminuye el dolor. Después explora la tensión física y psicológica en forma de rechazo: "No me gusta esta sensación". Relaja la mente como lo hiciste con los músculos alrededor del dolor. Cuanto más practiques más te darás cuenta de las distintas tensiones y más podrás tratar con ellas.

Observa también cualquier acontecimiento mental y tus reacciones. En ocasiones puedes sentirte aburrido, pero esto es señal de que *no* estás prestando atención. En otras ocasiones, puede ser que proyectes hacia el futuro o que recuerdes algo del pasado: observa si esto altera tu cuerpo, si te distrae, si te inquieta; en cualquier caso, déjalo ir, no te obsesiones, no le sigas la corriente, simplemente imagina que es una nube que se disuelve en la inmensidad del espacio. Aprende a ver distracciones sin implicarte, sin enfadarte por distraerte. Simplemente observa la reacción y regresa a la respiración. No trates de sacar los pensamientos de tu mente, es imposible. Si te peleas con ellos se vuelven más fuertes, si les prestas atención se debilitan. La atención desarma las distracciones. Lo que sea que acontezca en la mente es considerado una oportunidad. Este modo de proceder debes llevarlo también a tu vida cotidiana.

Nuestra vida está centrada en la búsqueda incesante de cosas y experiencias agradables, así como procurar evitar las desagradables. Es del todo natural hacerlo, siempre y cuando entiendas que el placer y las experiencias agradables duran poco y el malestar siempre aparece ya que nuestras expectativas erróneas siempre resultan en dolor. Vipasana te ayuda a relacionarte con lo agradable y lo desagradable de un modo distinto al habitual.

Como se ha visto en el capítulo anterior, una de las causas del malestar es considerar que las *cosas transitorias son estáticas*. A pesar de que incluso ves directamente que las cosas cambian, vives como si no lo hicieran. De la niñez pasamos a la infancia, la juventud, la madurez; de ahí a la vejez y de ahí, con la muerte, baja el telón de esta vida. Tenemos una tendencia innata de solidificar y de congelarlo todo: el yo, el tú, las situaciones, las amistades, las parejas, el trabajo… y así asumimos que son entidades sólidas y estables. Puesto que no lo son, este desconocimiento produce malestar, inquietud, decepción y dolor. De repente, te sorprendes e incluso te deprimes al ver cómo empiezan a asomar las canas, cómo se pierde la frescura de tu rostro y aparecen las arrugas. Quieres resistirte a la realidad, hasta que acabas lamentándote el resto de tu vida por haber perdido tu juventud. Con el paso del tiempo se hace evidente, pero casi siempre te coge con el pie cambiado. El cambio es doloroso siempre y cuando tu actitud sea inadecuada.

Otra causa de duhkha es el síndrome de apego-aversión, de atracción y repulsión. Cualquier cosa que te resulte agradable la querrás perpetuar, congelar; y si es desagradable, rechazar. Lo que sea que ocurra en tu interior produce *reacciones* inmediatas de ira o apego. Vipasana crea un cortocircuito en esta acción-reacción para que dejes de responder de modo automático. Simplemente observas y constatas, y si reaccionas al estímulo, procuras hacerlo con claridad: no ira, no apego y no ignorancia.

Aprendes a ver con nuevos ojos la realidad y de modo especial el elemento que es el núcleo de tu realidad, el *yo.* En lo que a éste se refiere, solidificas la suma de pensamientos, sensaciones, imágenes, sentimientos, etc., y los transformas en una imagen mental a la que le cuelgas la etiqueta *yo*. Y esto es correcto. El problema es que, después, lo tratas como una entidad duradera y sólida, además de considerarla como una entidad aparte del resto de cosas y con éstas bajo su control. Con este falso sentido del yo aparece el otro, los demás, y por supuesto que estás tú y los demás, el problema es que el *yo* se siente el rey y, como tal, se considera más importante que los demás: es lo que se denomina egoísmo. Para eliminar el egoísmo debes descubrir que tu yo no es un rey. Estos dos enfoques erróneos son los que dirigen nuestra vida.

Estas fuerzas tan enraizadas no se descubren en un fin de semana. Has pasado toda tu vida construyendo esta forma de pensar y la has ido reforzando con cada pensamiento y acto, no se evaporará al instante. El cometido de samatha y vipasana es disolver este proceso.

Abandonar el apego hacia esta vida

¿Qué entendemos cuando escuchamos este enunciado, aparentemente tan riguroso? A simple vista parece incidir en la idea que ha hecho tan impopulares a las religiones: "Disfrutar de la vida es de personas frívolas; una actitud espiritual exige seriedad y circunspección; gozar con plenitud de la vida te convierte en una persona poco espiritual".

Abandonar el apego hacia esta vida no significa que debas dejar de lado a tu familia, tus amigos, tus aficiones y todo lo que te agrada. Sólo te anima a reconocer los *límites* de aquellas cosas que consideras que te reportan felicidad. Tampoco implica apartarse de los estímulos para los sentidos que ofrece la vida, sino de comprender su naturaleza transitoria, su incapacidad para satisfacerte y su potencial para producir dolor.

Si pensamos que el mensaje del budismo es privarnos de disfrutar de cosa divertidas como la música, el cine, el teatro, el deporte, etc., o que demoniza a los que están inmersos en el mundo de los negocios tratando de enriquecerse, cometemos un error. Más bien te aconseja que seas consciente de que esas cosas a las que les dedicas tu preciosa energía no pueden proporcionarte el tipo de felicidad que esperas de ellas. ¿Por qué no? Muy simple, porque su naturaleza es transitoria. Es decir, aún en el supuesto de que algo –un objeto cualquiera, una relación o una posición social– tuviera la virtud de ser duradero, tarde o temprano tú mismo cambiarías y empezarías a perder el interés por aquello que creías el eje central y la finalidad única de tu existencia.

Si la continuidad de la consciencia es un hecho y las huellas que dejan tus actos en este continuo van a influir en tu futuro, parece lógico despertar un interés nuevo en tu mente: esforzarte por buscar algo más duradero y estable. Una persona espiritual es aquella que mira más allá del corto espacio de esta vida. Sakya Pandita (1182–1251) solía decir:

> Esta vida es como una burbuja de jabón y el momento en que vendrá la muerte es incierto. En consecuencia, aferrarse a las cosas mundanas es absurdo.

Meditar en la muerte ayuda a ver la fragilidad de la vida y a despertar un interés más transcendente. A lo largo de un día cualquiera encontramos innumerables motivos para sentirnos tristes, angustiados, deprimidos, airados, resentidos... en definitiva, alterados y sin paz interior. Deberíamos hacernos la siguiente pregunta: "¿Subsistirían estas emociones si tuviésemos una profunda comprensión de nuestra propia mortalidad?"

Meditar en la transitoriedad de la vida y en la propia muerte, aunque no lo parezca, transforma tus tendencias destructivas y favorece los pensamientos felices, te libera de las ocho actitudes siguientes:

> Sentirte dichoso cuando experimentas felicidad
> Sentirte dichoso cuando tienes riqueza
> Sentirte dichoso cuando recibes alabanzas
> Sentirte dichoso cuando gozas de buena reputación
> Sentirte desdichado cuando experimentas sufrimiento
> Sentirte desdichado cuando caes en la pobreza
> Sentirte desdichado cuando recibes críticas
> Sentirte desdichado cuando tienes mala reputación.

¿Has sido presa de ellos alguna vez? Si vives sujeto a estas cuatro dualidades, nuestro estado de ánimo será siempre fluctuante Que nuestra felicidad dependa de tener o carecer de algo es sinónimo de incertidumbre e inseguridad. Aflicciones como el orgullo, la envidia, la competitividad y tantas otras se van alternando en la mente según las circunstancias con las que nos vamos encontrando. En una mente inestable no hay espacio para la felicidad duradera. Convencidos de que la felicidad depende de que se den los cuatro escenarios positivos, la mente es débil y presa fácil de la vacilación porque las cuatro situaciones negativas suelen aparecer muy a menudo. Una persona realmente feliz es aquella capaz de vivir libre de las cuatro dualidades.

Además, sin el peso de estas actitudes agotadoras encontrarás la energía necesaria para practicar Dharma. Si has practicado durante mucho tiempo y no ves cambios notorios en tu vida, no vayas a tu maestro o lama a quejarte: es señal de que aún no has meditado lo suficiente en la muerte, ni has penetrado en el vasto alcance de su significado. El objetivo final de meditar en la muerte es conseguir una mente inalterable y feliz, cuyo bienestar no dependa de los sucesos externos: es la puerta de entrada a la serenidad y a un equilibrio emocional básico.

Una enseñanza muy profunda que extraemos de la meditación en la muerte es saber a ciencia cierta que no poseemos nada de lo que creemos poseer, empezando por el propio cuerpo, nuestros amigos, familia y bienes: todas estas cosas están a nuestra disposición temporalmente.

Aunque tienes un precioso potencial, a menudo no lo reconoces o, incluso si lo haces, te distraes y no lo utilizas. La tendencia a prestar más atención a obtener una felicidad inmediata y a evitar las situaciones desagradables suele ser más fuerte que el desarrollo de un conciencia clara que vea el valor de crear las causas de un renacimiento afortunado, de la Liberación y la Iluminación. Nuestros principales obstáculos en la actualidad son estas ocho preocupaciones mundanas. Tal como Buda dijo en el *Majjhima Nikaya*[7]:

---

7 Las ocho preocupaciones mundanas también se mencionan en el sutra *Mañjusri-buddhaksetra-gunavyuha*.

> La ganancia y la pérdida, la mala reputación y la fama, la crítica y la alabanza, el placer y el dolor. Estas ocho preocupaciones mundanas hacen girar el mundo y el mundo gira alrededor de estas ocho preocupaciones mundanas.

El apego surge hacia cuatro de ellos –ganancia material o financiera, buena reputación o imagen, elogio y aprobación, y placer. La aversión surge hacia los otros cuatro –carecer de dinero y posesiones, mala reputación, culpa y crítica, incomodidad y dolor.

Los ejemplos de estos ocho abundan en la vida cotidiana. Tratamos de organizar nuestras vidas para entrar en contacto con personas y objetos atractivos, experiencias sensoriales tentadoras, palabras agradables que nos complazcan, dinero, posesiones, etc. Te quejas cuando estos elementos no cumplen con tus estándares o cuando te encuentras con las situaciones opuestas. La búsqueda de estos ocho propósitos se centra en tu propia felicidad inmediata, te vuelves muy receloso con tu entorno y las personas que te rodean, reaccionando en consecuencia. La reacción emocional excesiva, aferrándote a lo que te gusta y rechazando lo desagradable, crea dificultades en esta vida y te impide hacer realidad tus objetivos del Dharma a largo plazo.

El primer par que produce entusiasmo o desánimo implica nuestra relación con el *dinero y las posesiones*. Estás muy contentos cuando tienes mucho dinero, ropa bonita, una casa cómoda, un coche nuevo y un buen equipamiento deportivo, y te decepcionas o enfadas cuando no puedes obtener las cosas que deseas, cuando se destruyen o cuando te las quitan. Lamentablemente, muchas personas miden su éxito en la vida basándose en su riqueza material. No importa cuánto tengan nunca están satisfechos y nunca sienten que han logrado el éxito completo.

Por supuesto que debemos ocuparnos de los aspectos prácticos de nuestra vida, pero si nos absorbemos en esa búsqueda de posesiones materiales y finanzas, nos convertimos en sus esclavos. Una vez que estamos atrapados por su señuelo, la paz interna nos rehúye: surgen disputas cuando intentamos obtener más y mejor y proteger lo que ya tenemos. Te vuelves *arrogante* hacia los que tienen menos, *envidioso* de los que tienen más y *competitivo* con los que poseen lo mismo que tú, tratando de demostrar tu valía teniendo más que ellos.

Nos sentimos exultantes cuando *somos reconocidos y tenemos una buena reputación* y nos desanimamos cuando se daña nuestra imagen. Estar continuamente preocupado por lo que otros piensan de ti te conduce a la obsesión y a la inestabilidad emocional. Prestamos mucha atención a las apariencias y, podemos caer en el error usar a los demás para nuestro propio beneficio. Muchas personas consiguen tener una buena reputación o una posición elevada, pero carecen de paz interna y de amistades verdaderas.

Estar preocupado por tu reputación actual o por tu nombre es una tontería porque no vivirás lo suficiente para disfrutarlo, así que, ¿por qué preocuparte? Una buena reputación no te acerca a la Iluminación. Lo que es importante no es tu imagen, sino tu motivación. Si tu motivación no es sincera, aunque todos te alaben, la gloria no durará mucho, pero si eres sincero y directo, te comunicarás bien con los demás, un día aceptarán y apreciarán tus intenciones y ese respeto será duradero.

Nos encanta que las personas que nos agradan comenten *nuestras buenas cualidades* o nuestro trabajo competente y nos deprimimos cuando señalan nuestras faltas, nos critican o nos echan la culpa de cosas que podemos o no haber hecho. Debido a este entusiasmo y desánimo, nuestras emociones varían drásticamente, al igual que nuestra autoestima. La autoestima cae en picado si está basada en los elogios de los demás y no en una autoevaluación sincera. A veces te confundes y no sabes qué creer sobre ti mismo porque primero una persona te elogia y al momento otra te critica por la misma acción.

Muchas de nuestras acciones están impulsadas por el apego a visiones, sonidos, olores, sabores y sensaciones táctiles agradables –como sentirse calentito en un día frío, o fresco en un día caluroso– y por la aversión hacia sus opuestos –sonidos chirriantes, comida repugnante, dormir en una cama que es demasiado dura o blanda, ver cosas atemorizantes, etc.–. Asegurarte lo primero y evitar lo segundo se convierte en el propósito de la mayoría de tus actividades cotidianas. Sin embargo, por mucho que lo intentes, nunca podrás hacer que tu vida sea completamente cómoda, lo que hace que te sientas de mal humor y no dejes de quejarte. Nuestra infelicidad no proviene de la incapacidad de controlar el entorno para poder tener únicamente experiencias sensoriales agradables, sino de las fuertes emociones internas del ansia y la aversión.

Este par también puede describirse como *apego al éxito y aversión al fracaso*. En lugar de permitir que tu autoestima fluctúe según esos dos factores, podrías mantener una actitud equilibrada contemplando la interdependencia. El éxito no depende solo de nosotros, implica los esfuerzos de muchas personas, por lo que la arrogancia está injustificada. El fracaso puede ser debido a errores o a circunstancias externas que no se pueden controlar. Aprender de nuestros errores es útil y aceptar que no podemos controlar el mundo es práctico. Estas dos actitudes calman nuestra mente y sus expectativas fantasiosas.

Desventajas de las ocho preocupaciones mundanas

La línea de demarcación de lo que es la práctica de Dharma es la presencia o ausencia de las ocho preocupaciones mundanas. Si nuestra actividad está motivada por el apego a la felicidad solo en esta vida, no se considera Dharma. Las acciones motivadas por la aspiración de vivir éticamente, alcanzar la Liberación o la Budeidad son acciones de Dharma.

Buda explica que las ocho preocupaciones mundanas se encuentran tanto en personas mundanas no instruidas como en los aryas eruditos, pero hay una gran diferencia entre cómo responden estos dos grupos. Cuando una persona común obtiene ganancias, fama, alabanza y placer no desea ver que estos resultados son impermanentes y están sujetos al cambio, al contrario, está embelesado y su sentido común es barrido por la euforia. Cuando se encuentra con el opuesto de estos cuatro –pérdida, desprestigio, culpa y sensaciones desagradables– se desanima. Obsesionado con lo que le gusta y lo que le desagrada, continúa girando en la existencia cíclica, que implica el nacimiento, el envejecimiento, la enfermedad y la muerte y ser atormentado por el dolor, la pena y la falta de paz interna. Su mente nunca está en calma, ya que trata desesperadamente de obtener todo lo que parece traerle felicidad y rechaza con vehemencia la realidad de las situaciones dolorosas.

Sin embargo, cuando los aryas eruditos se ven en estas situaciones, comprenden que las cuatro situaciones agradables son transitorias y cambiantes. Entendiéndolas tal y como son en realidad, es decir, impermanentes, incapaces de proporcionar una felicidad duradera y carentes de su propia esencia independiente, las mentes de los aryas permanecen equilibradas. No se alteran cuando se encuentran en su camino con la pérdida, la culpa, el desprestigio y las sensaciones desagradables. Abandonando el aferramiento hacia lo que les gusta y la aversión hacia lo que les desagrada, buscan la felicidad más elevada de la Liberación. Hablando de las ocho preocupaciones mundanas, el Buda señala:

> La persona sabia y consciente sabe y ve que están sujetas al cambio. Las condiciones deseables no alteran su mente, ni tampoco se disgusta por las condiciones indeseables.
>
> Ha disipado la atracción y la aversión, se han eliminado y ya no están presentes. Habiendo conocido el estado sin manchas y sin aflicción, tiene un entendimiento correcto y trasciende la existencia [cíclica].

Las ocho preocupaciones mundanas giran en torno al apego a los placeres de esta vida. Si bien esta vida es muy importante, aferrarse a sus placeres es problemático. Buda no dice que el placer sea malo o dañino. El placer es lo que es –una experiencia agradable que dura poco–. Está bien disfrutar de las cosas buenas que encuentres, pero apegarse a ellas es otro tema, porque el apego –y la aversión que surge cuando no puedes obtener lo que te gusta– crea problemas en esta vida y en las futuras y nos distrae de cumplir nuestros anhelos espirituales.

En nuestro esfuerzo por obtener los cuatro factores que aparentemente nos traen felicidad y por separarnos de los otros cuatro no deseados, creamos una gran cantidad de karma negativo. Para proteger nuestra reputación hablamos de otros a sus espaldas. Para conseguir más dinero engañamos a los demás o nos vemos envueltos en líos de negocios ilegales. Para ganarnos la aprobación o las alabanzas de alguien mentimos, escondemos nuestros errores y nos inventamos éxitos de los que carecemos. A la larga, debido al funcionamiento del karma y sus efectos, estas acciones nos traen sufrimiento.

Aunque la búsqueda de las ocho preocupaciones mundanas *parece* traernos felicidad, a largo plazo trae más desdicha. Las ocho preocupaciones mundanas hacen que nuestro punto de vista sea estrecho y egocéntrico. No vemos el karma y sus efectos e ignoramos la necesidad de crear las causas del bienestar para el futuro.

Las ocho preocupaciones mundanas obstruyen nuestra práctica genuina del Dharma. La mayoría de nuestras distracciones en la meditación tienen que ver con las ocho preocupaciones mundanas. Cuando nuestra mente divaga mientras escuchamos las enseñanzas, nuestra atención se ha desviado a una de estas ocho. Posponemos acciones positivas, como la generosidad o ayudar a los demás, porque nuestro tiempo está ocupado con estas ocho actitudes. Por estas razones, a los practicantes del Dharma se les advierte del riesgo de buscar la felicidad temporal, no porque sea mala, sino porque nos impide hacer realidad las comprensiones espirituales que nos traerán felicidad a corto, medio y largo plazo.

El apego a los placeres de esta vida engendra insatisfacción. Por mucho que tengamos, nunca es suficiente. Incluso personas acomodadas no se sienten satisfechas con lo que tienen.

Cuando tenemos éxito en el mundo, fácilmente nos volvemos arrogantes y altaneros, haciendo alarde de nuestro éxito e ignorando las necesidades de los demás. Por lo tanto, los textos de adiestramiento mental dicen que es mejor encontrarse con dificultades, porque nos hacen humildes y más compasivos. Las dificultades aplanan nuestra arrogancia y aprendemos a respetar las preocupaciones y los sentimientos de los demás. Las dificultades también hacen más profundo nuestro refugio en las Tres Joyas y nos animan a ser conscientes del karma y sus efectos.

Renunciar al apego y la aversión no implica tener una vida sosa, más bien vida se vuelve más plena, porque, al ser libres del movimiento de atracción-repulsión, del entusiasmo y el desánimo, podemos enfrentarnos mejor a lo que nos salga al paso.

La muerte

Un modo de alejarse de la dictadura de estos ocho dharmas mundanos es meditar, una y otra vez, en nuestra mortalidad y en los *Cuatro Fundamentos de la Atención*, especialmente los dos primeros, atención al cuerpo y a la sensación. Nuestra vida está influenciada por el karma del pasado porque cuando alguna de las muchas semillas kármicas que hemos sembrado en nuestro continuo mental topa con las causas propicias, se produce un resultado: una experiencia agradable, desagradable o neutra. La acción o karma es la *semilla* que se deposita en el campo de la consciencia. Las emociones aflictivas son como *el agua y el calor* que la hacen florecer. El resultado de las emociones aflictivas y el karma es seguir renaciendo en el samsara, perpetuando así el ciclo de la existencia. Después de la muerte, el ser pasa por un estado intermedio llamado *bardo* y, seguidamente, vuelve a renacer. Una célebre cita kadampa reza así:

> Si quieres ver tu pasado, observa tu cuerpo y
> si quieres ver tu futuro, observa tu mente.

Si observas con sinceridad tu mente actual sabrás qué tipo de futuro te aguarda. Y si observas tu cuerpo, podrás deducir tus actos del pasado. Un cuerpo sano, con fácil acceso a comida y vivienda, que habita en un lugar libre de padecer guerras u otras calamidades, es el resultado de actos positivos previos.

Aunque ya has visto morir a algunos de tus familiares, has perdido amigos y un montón de desconocidos mueren a tu alrededor cada día, sigues aferrado tozudamente al pensamiento: "Seguro que *hoy* no moriré". Este arraigado concepto te acompaña hasta el mismísimo día de tu tránsito y constituye el mayor obstáculo para empezar una práctica sincera de Dharma.

Meditar en la muerte contrarresta este equívoco, motivo por el cual es una práctica habitual en los monasterios budistas. No obstante, no te confundas. No significa que los budistas renieguen de la buena vida: *meditan en la muerte para eliminar las fantasías de su mente,* es su modo de tener los pies sobre el suelo. Uno de los primeros libros del más famoso aprendiz de chamán, Carlos Castaneda, aconsejaba tener a la muerte a un lado en todo momento para pedirle consejo. Una actitud similar es la que tienen los monjes budistas. Los practicantes tántricos meditan a diario en la muerte haciendo una "representación teatral", por decirlo de algún modo, de su propio proceso de la muerte. Se acostumbran a lo que vendrá tarde o temprano.

En los textos de *Lam Rim*, Lama Tsong Khapa dejó un gran legado de consejos con respecto a la meditación sobre la muerte y dividía esta práctica en tres secciones:

1) Considerar las desventajas de no meditar en la muerte.
2) Considerar los beneficios de meditar en la muerte.
3) Meditar en la muerte.

Considerar las desventajas de no meditar en la muerte

Aquí hay seis reflexiones sobre las desventajas de no pensar en la muerte.

1) *Olvidaremos fácilmente el Dharma.* Sin tener presente la muerte, no tendrás el deseo ni la necesidad de poner en práctica lo único que de verdad sirve a la hora de enfrentarnos a ella: el Dharma. Aunque recibas enseñanzas de grandes maestros, no llegarás a ponerlas en práctica si *sólo* estás preocupado por las cosas de esta vida. La obsesión por las cosas de esta vida es

muy fuerte y quiebra tu voluntad: te hace olvidar la necesidad de practicar y te obliga a implicarte en actividades que no reportan mucho beneficio más allá del inmediato.

Vivimos con una visión errónea muy persistente que consiste en *creer que vamos a permanecer en este mundo mucho tiempo*. Se conoce como *aferramiento a la permanencia*. Sólo tener a la muerte presente lo elimina. Vivir sabiendo que eres como un viajero que va de una vida a otra reduce tus emociones aflictivas.

2) Aunque no olvidemos el Dharma, no llegaremos a ponerlo en práctica. Si olvidas la muerte seguirás viviendo según la premisa: "Empezaré en serio a practicar Dharma cuando termine este trabajo que me ocupa ahora. Total…seguro que no me moriré de momento. Mi muerte aún está lejos". No tendrás en cuenta que la vida suele interrumpirse antes de haber terminado tus obligaciones y conseguido tus planes. Las tareas mundanas no tienen fin y no se interrumpirán por ellas mismas para darte tiempo a meditar. Shantideva decía en su *Guía*:

> Cuando aún no se ha empezado la tarea, cuando se está realizando o cuando está casi terminada, el Señor de la Muerte puede aparecer de repente y sin avisar. Entonces exclamaré: ¡Oh, ahora es mi turno! (cap VII. 8)

3) Aunque no olvidemos el Dharma y lo pongamos en práctica, no lo haremos con pureza. Sin pensar en la muerte, la práctica no será lo suficientemente pura. Práctica pura es la que se desarrolla a partir de haber superado el apego por esta vida, a partir de haber escapado de la esclavitud a que te someten las ocho actitudes mundanas descritas previamente.

4) Aunque no olvidemos el Dharma y lo pongamos en práctica de forma pura, no perseveraremos en la práctica. Quizá logres pensar en el Dharma, incluso practicarlo con pureza, pero si te olvidas de la propia mortalidad, tu práctica será inconstante: practicarás dos días y lo dejarás, para volver a empezar y volver a dejarlo. La pereza se abrirá paso en la mente y decidirá por ti. Serás esclavo de tu pereza. Recordar la muerte es el antídoto a la pereza.

> Atrapado por el yugo de las emociones aflictivas he caído en el cepo del nacimiento: ¿por qué no me doy cuenta de que vivo dentro de la boca del Señor de la Muerte? (Cap.VII. 4)

Nuestra actitud es la siguiente: "Ah, esto del Dharma y la meditación es todo un descubrimiento, realmente interesante. Voy a dedicarle energía". Pasado un tiempo piensas: "Bueno, tampoco era para tanto. De momento los resultados no son muy tangibles, lo voy a dejar, a ver qué pasa". Es muy difícil saber cuándo vendrán los resultados de la práctica; pueden llegar de repente o de modo gradual, después de mucho esfuerzo o después de un esfuerzo menor… La manera correcta de practicar es la siguiente: "No importa cuando venga el resultado: voy a seguir practicando hasta lograr el objetivo final, sea en esta vida o en las futuras". Una vez más, Shantideva nos anima con estas palabras:

> Si aplican el debido esfuerzo, incluso las moscas, los mosquitos, las abejas y otros insectos obtendrán la insuperable Iluminación.
>
> Por tanto, si no dejo de lado la forma de vida del Bodhisatva, ¿por qué un ser humano como yo que distingue entre lo que es perjudicial y beneficioso no debería obtener el Despertar? (cap. VII 18–19)

5) Seguiremos cometiendo acciones negativas. Sin tener presente la muerte, olvidarás que todos tus actos reportan resultados, en muchas ocasiones después de la muerte, en las vidas siguientes. Y no habrá freno a los actos negativos.

6) Moriremos llenos de remordimiento. Cuando llega la muerte nada excepto el Dharma puede ayudarte. Sentirás miedo, angustia y remordimiento, aunque puede que ya sea demasiado tarde para remediarlo. Dedicas toda tu energía a actividades que no pueden ayudarte en el momento de la muerte y dejas de lado lo único que sí podría hacerlo. Sócrates venía a decir más o menos lo mismo en el *Fedón*:

> La filosofía ha de servir para enfrentarse a la muerte.

Los maestros kadampa del pasado decían que no sirve de nada sentir miedo cuando llega la muerte, es mejor temerla en la juventud y en la edad adulta, pues así nos podemos preparar para afrontarla. La mayoría hacemos lo contrario, de jóvenes no pensamos en la muerte, actuamos sin tener muy en cuenta el karma, y cuando viene la muerte nos asaltan el miedo y el remordimiento. Si tememos a la muerte cuando aún estamos a tiempo, aprovecharemos mejor el tiempo y tendremos en cuenta la infalibilidad del karma. La *Guía* de Shantideva nos aconseja lo siguiente:

> Confíate en la barca del cuerpo humano
> y cruza el gran río de dolor.
> Es muy difícil volver a encontrarlo,
> entonces, ¡no debes dormirte ahora, estúpido!

Considerar las ventajas de no olvidar nuestra mortalidad

Es esencial reflexionar una y otra vez en las ventajas de tener presente nuestra muerte. Por extraño que parezca, dichas ventajas nos ayudarán a vivir mejor en esta vida.

1) *Practicaremos con sinceridad y esfuerzo.* En un Sutra, el Buda señaló:

Si observamos las pisadas que van dejando los animales sobre la tierra húmeda, vemos que las más profundas son las del elefante. De forma similar, todas las meditaciones que hagamos producirán sus efectos, pero la que dejará mayor huella en nuestra mente será la meditación de la muerte.

En este sentido vale la pena recordar el consejo de Epicteto (55 D.C), maestro de Marco Aurelio:

En lugar de apartar la vista de los acontecimientos dolorosos de la vida, míralos de frente y piensa en ellos a menudo. Al hacer frente a las realidades de la muerte, la enfermedad, la pérdida y la decepción, te liberas de falsas ilusiones y esperanzas, al tiempo que evitas pensamientos desdichados y envidiosos.

2) *Nuestra práctica de Dharma será poderosa y pura.* Las escrituras dicen que meditar en la muerte es como utilizar un mazo para destrozar las emociones aflictivas. Actuará igual que una explosión nuclear destruyendo nuestras faltas y contrarrestando nuestro desproporcionado interés por las actividades triviales. Un viejo maestro kadampa decía:

> Mi verdadera meditación sobre el Camino Medio es
> contemplar la muerte y la impermanencia.
> Todas las buenas cualidades surgen de integrar ambas:
> gracias a las dos, mi práctica es pura.

3) *Es importante al inicio de nuestra práctica.* Meditar en la muerte despierta el deseo de practicar Dharma. Grandes yoguis del pasado empezaron su intensa y sincera práctica tras ser testigos de la muerte de algún ser querido.

4) *Es importante en la mitad de nuestra práctica.* Si has empezado a practicar el Dharma, meditar en la muerte mantiene vivo tu interés en seguir todas las etapas hasta llegar a la Iluminación. El sendero del Dharma no es fácil, hay muchos obstáculos que te apartarán de él y tener una fuerte conciencia de tu fragilidad te hace superarlos todos.

5) *Es importante para lograr la meta final.* Meditar en la muerte te asegura no abandonar tu adiestramiento hasta alcanzar la Iluminación.

6) *Morirás con una mente pacífica y feliz.* La idea es recordar la muerte para que practiques intensamente, superando así todo temor a la muerte. Milarepa lo dijo en uno de sus versos:

> Corrí hacia las montañas por temor a la muerte.
> Experimenté el vacío de la mente primordial.
> Si la muerte me ataca ahora, no sucumbiré a la ansiedad.

Cómo Meditar en la Muerte

Lama Tsong Khapa reunió la esencia de todas las enseñanzas del Buda sobre la muerte y las presentó en su *Lam Rim Chenmo* bajo este enunciado: *Las tres raíces, las nueve razones y las tres determinaciones.*

Las *tres raíces* son las siguientes:

> Nuestra muerte es definitiva
> El momento de la muerte es incierto
> En el momento de la muerte sólo el Dharma nos puede ayudar

En cuanto a *las nueve razones*, tenemos tres para darnos cuenta de cada raíz:

> Tres razones para ver que la muerte es definitiva.
> Tres razones para ver que el momento de la muerte es incierto.
> Tres razones para ver que tanto en el momento de la muerte como después sólo la práctica del Dharma nos puede ayudar.

Seguramente nos preguntaremos: "Bueno, ¿a qué vienen todas estas explicaciones...? Ya sé que voy a morir". No obstante, a pesar de que lo sabemos, vivimos dando por sentado que esto no sucederá ni hoy ni mañana. Suponemos que nuestra vida seguirá largo tiempo.

Si Lama Tsong Khapa y otros grandes meditadores nos aconsejan esta meditación es para convertir el conocimiento superficial que tenemos de la muerte en la profunda convicción de que puede suceder hoy mismo. Esta aserción nos hará actuar conforme a este hecho y practicaremos el Dharma de modo correcto. El objetivo de meditar en estas nueve razones es despertar *las tres determinaciones* siguientes:

> Voy a practicar Dharma.
> Voy a practicar Dharma desde este mismo momento.
> Voy a practicar Dharma con sinceridad.

PRIMERA RAÍZ: **La muerte es definitiva**

El objetivo de presentar las ideas que se exponen a continuación no es describir una obviedad que ya todos conocemos, sino convencernos de que el alcance de su utilidad sólo lo descubriremos a través de la práctica meditativa.

TRES RAZONES

1 Nada puede impedir la muerte.

Nada ni nadie puede impedir la muerte. Como bien sabes, les ha llegado a grandes personajes de la historia: Alejandro Magno, Platón, Julio César, Constantino, Jesús, Buda, Confucio, artistas, poetas, historiadores, científicos, intelectuales y analfabetos. Ricos y pobres. Reyes y súbditos. Presidentes y ciudadanos de a pie.

La muerte no hace concesiones, ni se aviene a favores: no podrás sobornarla de ninguna manera para que no te alcance. Buda dijo que cuando llega la muerte es como una montaña inmensa que se derrumba por sus cuatro costados. Una destrucción de tal magnitud es imposible de evitar.

La vejez llega a hurtadillas. De repente te miras en el espejo y exclamas: "Caramba, ¿qué me ha pasado?". Es un proceso imparable. Sócrates se refería a la juventud como a un tirano de breve reinado.

No existe un lugar donde esconderse de la muerte ni elixir que nos salve de ella.

2 La duración de mi vida no puede aumentar, al contrario, mengua irremediablemente.

El espacio de una vida decrece: en el instante mismo de la concepción ya echamos a andar hacia la muerte, el proceso es imparable y nunca se detiene. Mientras comemos, dormimos, trabajamos, disfrutamos, etc., estamos acercándonos a nuestro destino final. El séptimo Dalai Lama decía:

> Nos acercamos velozmente a los brazos del Señor de la Muerte, como un corredor de fondo que no detiene su marcha.

Imagina el tictac de un reloj: cada segundo que pasa señala indefectiblemente que estás un instante más cerca del abrazo final del Señor de la Muerte, es un segundo menos que te queda de vida. Otra imagen que puedes usar en tu meditación es la del condenado a muerte al que llevan al paredón: cada paso que da lo acerca más cerca de su destino fatal.

3 La muerte va a llegar sin esperar a que haya tenido tiempo de practicar Dharma.
Aunque la vida pude ser muy corta, consumimos una gran parte de ésta engañándonos a nosotros mismos: vivimos la ficción de pensar que será larga y que tendremos tiempo de sobra para dedicarnos al Dharma.

Pero cuando nos detenemos a pensar en ello desde la sinceridad, queda patente que los días pasan volando y aún no hemos empezado una práctica sincera. Al verano le sigue el otoño, después llega el invierno y sin darnos cuenta ya estamos de nuevo en primavera, a las puertas de un nuevo verano. Así van pasando los años, se suceden uno tras otro sin darnos tregua. El gran Gueshe Kadampa Guntang Jampelyang dijo al final de su vida:

> Pasé mis primeros veinte años sin ningún deseo por practicar Dharma. Otros veinte los pasé pensando que empezaría a hacerlo más tarde. Los veinte últimos he estado absorto en un sentimiento de arrepentimiento por no haber empezado a practicar Dharma desde más joven. Ésta es la triste historia de mi vacía existencia humana.

El objetivo de recapacitar y meditar sobre estos puntos es llegar a despertar la determinación siguiente: ***voy a practicar Dharma.*** Y, una vez logrado, nos concentramos en este deseo hasta que sea un pensamiento habitual, completamente integrado en nuestra psique. Procuramos fundirnos con este nuevo pensamiento con atención y vigilancia. Atención para que se mantenga vivo y vigilancia para recuperarlo si se pierde. También gracias a la atención ajustaremos la mente para que no la afecten los obstáculos internos que la alejan de dicho pensamiento positivo.

SEGUNDA RAÍZ: **El momento de la muerte es incierto**

Según la transmisión oral, de las tres raíces, la segunda es la más potente y, en consecuencia, le debemos dedicar más tiempo.

TRES RAZONES

1 El espacio de vida no es fijo.
Te pasas la vida engañándote con pensamientos como este: "Todavía soy joven, la muerte está muy lejos para mí". Pero ésta es una suposición completamente falsa: observa si no la cantidad de personas jóvenes que mueren a tu alrededor antes que sus mayores

Intentas convencerte con estas palabras: "Ahora disfruto de buena salud, ¿quién piensa en morir". Pero también ves a personas sanas que mueren antes que personas enfermas. Todos sabemos de alguien que por la mañana estaba vivito y coleando y por la noche yacía en el cementerio. Algunos mueren comiendo, atragantados con la comida (como la célebre Mama Cash). Otros mueren antes de nacer y muchos otros justo después de haber nacido.

Estás convencido de que serás un caso de los que pronostica el Instituto Nacional de Estadística y que agotarás hasta el último de los 75 años que determina el promedio normal de vida en España. Pero olvidas un detalle: para obtener dicho promedio, muchos habrán fallecido a los 80 y muchos otros a los 40.

La muerte no avisa, se presenta en cualquier momento y casi siempre ataca por sorpresa. Tu muerte es segura y, en consecuencia, el espacio de vida que te queda es impreciso.

2 Muchas condiciones nos conducen hacia la muerte y pocas a la supervivencia.

Nuestro espacio de vida es incierto y las condiciones que pueden producirnos la muerte son muchas. En realidad, los textos clásicos budistas hablan de ochenta y cuatro mil condiciones negativas. Las causas medio ambientales son, en ocasiones, responsables de miles de muertes. Pero los elementos externos —tierra, agua, fuego y aire— también están representados en nuestro organismo y pueden matarnos cuando se desequilibran. Dicen los textos antiguos que los elementos internos son como serpientes de la misma especie cohabitando en armonía, pero que, si se pierde dicha estabilidad, una de ellas adquiere mayor fuerza sobre las demás y acaba destruyendo a las otras tres.

Incluso las cosas aparentemente más inofensivas pueden causar la muerte. Piensa en ello, dedica un tiempo para recordar cuantos ejemplos conoces de muertes que se han producido en circunstancias completamente ridículas. Una puerta de cristal que se cierra con fuerza puede degollarte, un golpe de aire puede empujarte al vacío, tu pañuelo de cuello puede quedar atrapado entre los radios de una rueda, un alimento que has ingerido puede encontrarse en mal estado, la espina de un delicioso pescado puede clavarse en tu garganta, una medicina que ingieres para estar más sano puede producir una reacción adversa. En definitiva, en cualquier momento puede pasar algo inesperado que acabe con tu vida. Nagaryuna en su *Guirnalda de Joyas* señala:

> Las causas de la muerte son muchas,
> Las que sostienen la vida son pocas
> Y estas últimas pueden traer la muerte también.
> En consecuencia, practica siempre el Dharma.

3 El cuerpo humano es muy frágil

Nagaryuna solía decir que nuestra fuerza vital es como una

llama en medio de la corriente, expuesta al viento de la muerte que sopla desde todas las direcciones.

El cuerpo es frágil. Nagaryuna lo comparaba a una burbuja en el agua. A la inspiración le sigue una espiración, pero si no volvemos a inspirar, estamos muertos. También decía que cada mañana, al despertar, se producía el mayor de los milagros: comprobar que seguimos respirando.

La tradición tibetana aconseja reflexionar en estos tres puntos hasta llegar a la determinación: ***voy a practicar dharma inmediatamente.***

TERCERA RAÍZ: **En el momento de la muerte sólo el Dharma puede ayudar.**

TRES RAZONES

1 La Riqueza no puede ayudarte.

Tu dinero no puede comprar más tiempo de vida, tampoco te puedes llevar contigo ni un céntimo. Un sutra señala que ni la comida acumulada en cien años saciaría el hambre que vendrá después de la muerte. Y la ropa que usarías en cien años no evitará que te vayas desnudo. Pabongka Rimpoché en su *Liberación en la palma de la mano* señala que, en una ocasión, un hombre estaba esculpiendo una gran piedra, tratando de darle forma cuadrada. Alguien le preguntó qué iba a hacer con ella. Y el hombre respondió: "Nada, después la tiraré". En cierto sentido –decía Pabongka– así es nuestra vida: constantemente implicados en la adquisición de patrimonio y bienes que tendremos que abandonar sin remedio.

Los amigos y familiares no pueden ayudarte.

Nadie puede echarte un capote en el momento de la muerte. Uno debe afrontar la muerte completamente solo. Los amigos y familiares sólo pueden ser testigos impotentes de este hecho.

Lo único que te puede ayudar es tu propia reserva de energía positiva y sabiduría. La fuerza de tus buenos actos, el amor, la compasión y la sabiduría te acompañarán en tu viaje hacia el futuro, siendo tu protector y tu guía. Shantideva nos previene con estas palabras:

> Cuando sea atrapado por los mensajeros de la muerte,
> ¿de qué me servirá tener a mi familia alrededor del lecho?
> Sólo mi mérito me ayudará entonces, aunque nunca lo creí.
>
> ¡Oh Protectores! Fijaos en mí que, despreocupado e
> inconsciente de un terror como el que me aguarda,
> he acumulado una inmensa cantidad de energía negativa
> sólo para beneficio de esta vida transitoria. (Cap II, 41–42).

Tu cuerpo.
En el momento de la muerte tendrás que desprenderte de tu cuerpo. A pesar de toda la energía que le has dedicado para protegerlo del frío, la sed y el hambre y proporcionarle todo tipo de comodidades, ahora, cuando más lo necesitas, te deja en la estacada.

Panchen Losang Choky Gyeltsen decía que justo cuando más necesitamos este cuerpo estimado, nos traiciona. En este sentido Gungtang Tenpe Dronme señala en su *Consejo para Meditar en la Impermanencia.*

> El Dharma es el mapa para aquellos que desconocen
> el sendero;
> El Dharma es la provisión para un largo viaje;
> El Dharma es el guía para una travesía peligrosa.
> En consecuencia, de ahora en adelante,
> concentra tus tres puertas en el Dharma.

Panchen Losang Chokyi Gyeltsen, en su *Súplica para liberarse de la senda traicionera del estado intermedio* (entre una vida y el siguiente nacimiento), dice:

Cuando el médico desiste y los rituales ya no sirven de
ayuda.
Cuando mi familia ha perdido toda esperanza de mante
nerme con vida.
Cuando haya agotado todos los recursos en que
apoyarme,
por favor, Santo Gurú, bendíceme para que recuerde
tus instrucciones.

Es preciso meditar en la certeza de estos tres últimos razonamientos para transformar la mente en el deseo de ***practicar dharma inmediatamente y de modo correcto.***

LOS CUATRO FUNDAMENTOS DE LA ATENCIÓN

Atención al cuerpo

Cuando apareció Buda ya se habían desarrollado muchas técnicas para calmar y concentrar la mente, y todas ellas producían elevados estados de paz, serenidad y gozo. La gran innovación del Buda fue el aplicar esta refinada concentración para investigar la naturaleza de la realidad.

La atención y la concentración son como un telescopio para la observación de fenómenos no obvios que te rodean, pero que son reales. La concentración se enfoca en tu interior y vipasana investiga la realidad de tu cuerpo y mente.

Muchas personas confunden samatha con vipasana, cuando son tipos de meditación muy diferentes. Samatha desarrolla la calma y la capacidad de permanecer apaciblemente sobre su objeto, entraña sólo enfocarse y sostener la atención. Vipasana, por otro lado, es una investigación atenta y penetrante para despertar una comprensión clara de los aspectos centrales de nuestra existencia física y mental. Primero es bueno desarrollar cierto nivel de samatha, luego añadir vipasana: al final los dos se unirán.

Por ejemplo, la atención y la calma se enfocan en los cuatro fundamentos -cuerpo, sensaciones, mente y fenómenos o dharmas- con el propósito de darse cuenta de que ninguno de ellos es estático ni una fuente de felicidad segura y real, ni se encuentra un sujeto experimentador sólido e independiente detrás de ellos.

En vipasana hay dos elementos claves: la atención y lo que se denomina comprensión clara, aprehensión clara. En pali es *sampajaña;* en la tradición mahayana sería el factor que denominamos *vigilancia* o *introspección*, que es un derivado de la sabiduría, *prajña*, de *saber con claridad*. Un sentido de *sampajaña* es *quien ve correctamente*; *ver* también implica discernir lo que ves. Para ver o discernir, obviamente has de sostener atentamente el objeto.

Por ejemplo, en tu meditación puedes constatar que estás compuesto de una parte material, como el cuerpo, y de una parte inmaterial, como las sensaciones o emociones positivas y negativas: *sampajaña* es lo que distingue los dos, "sabe cuál es cada uno". Los dos son necesarios. La atención se va hacia el objeto y produce cierto nivel de concentración y, de este modo, *sampajaña* sabe y conoce la naturaleza de lo que observa. Este proceso es el que se aplica a cada uno de los *Cuatro Fundamentos de la Atención*(*satipathana*).

A lo largo de sus cuarenta y cinco años de enseñanzas, el Buda enfatizó el cultivo de los *Cuatro Fundamentos de la Atención* y dijo:

> Este es el sendero directo, monjes, para la purificación
> de los seres, para superar penas y lamentos,
> para superar el dolor, para alcanzar el sendero auténtico
> y para el logro del Nirvana,
> Es decir, los *Cuatro Fundamentos de la Atención.*

El sutra dice de estos cuatro fundamentos que son "el sendero directo", en pali *ekkayano maggo. Eka* es *uno*, *ayana* es *ir* y *magga*, *sendero*. Se califica como *ekayano* o directo en el sentido de "que te lleva directo a la meta". *Directo* también quiere decir un sendero directo para "cruzar las inundaciones del pasado, presente y futuro", es decir las tres fuerzas negativas del apego-deseo, la aversión o ira y la ignorancia; también alude a un sendero que "atraviesa uno mismo solo", un sendero "creado y enseñado por el Buda", un sendero que "sólo se encuentra en el budismo" o "un sendero que te lleva al Nirvana".

En ocasiones, los Cuatro Fundamentos de la Atención también se denominan "el único sendero". Para ilustrar su sentido, algunas escrituras ponen la analogía de un hombre que pasea por un camino que dirige a un pozo a ras de suelo, por lo tanto, si no está despierto y sigue este camino, *sólo* se irá *directo* al pozo y caerá en él. Los cuatro fundamentos constituyen pues un sendero "único" en el sentido de que, si no lo abandonas, conduce al Nirvana y a ninguna otra parte. En definitiva, "único sendero" o "sendero directo" se refiere a uno que te lleva definitivamente al Nirvana.

La atención al cuerpo implica contemplar la naturaleza real de los componentes del cuerpo, su impermanencia, su duhkha y su ausencia de una identidad personal sólida e independiente. Cuando lo haces, no es que fabriques características distintas que proyectas en el cuerpo, sino que, sencillamente, estás examinando el cuerpo y comprendiendo lo que es. Así, comprendes el duhkha verdadero, la primera verdad.

Usas la atención y la vigilancia para comprender la naturaleza de este primer fundamento a través de la meditación analítica. Después, mantienes la concentración para familiarizarte con sus características.

Atención al cuerpo

¿Por qué la práctica de los cuatro fundamentos empieza con el fundamento de la atención al cuerpo? Porque es el más fácil de detectar, el más burdo.

El Buda enseña:

> ¿Cómo puede un monje permanecer contemplando el cuerpo como un cuerpo? Aquí un monje [...] se sienta; con las piernas cruzadas, pone el cuerpo erguido y establece la atención delante de él, (1) siempre consciente de que inspira, consciente de que espira. (2) Si la inspiración es larga, él comprende: "La inspiración es larga"; o si la espiración es larga él comprende: "La espiración es larga". Si la inspiración es corta, él comprende: "La inspiración es corta"; o si la

> espiración es corta, él comprende: "La espiración es corta". (3) Se adiestra así: "Voy a inspirar experimentando todo el cuerpo [de la respiración]"; se adiestra así: "Voy a espirar experimentando todo el cuerpo [de la respiración]". (4) Se adiestra así: "Voy a inspirar calmando la formación corporal"; se adiestra así: "Voy a espirar calmando la formación corporal".

Esta instrucción sobre la respiración en cuatro fases del sutra también aparece en el *Anapanasati sutra.* Se pueden usar las cuatro fases de la respiración para despertar samatha o para vipasana.

En primer lugar, te enfocas en tu rostro y aflojas todos sus músculos, la mandíbula, las sienes, la frente, etc., dejándolo todo plenamente relajado. Seguidamente inspira y espira con suavidad, nota las sensaciones del aire al entrar y salir. Enfócate en la punta de los orificios nasales, o en el abdomen, sin tratar de regular la respiración. Procura que el cuerpo esté lo más inmóvil posible durante este rato, como una montaña. Esta atención-concentración o samatha mejora tu salud, afina tu sistema nervioso, te permite dormir mejor y desarrollar un equilibrio emocional.

Mantén la atención constante a tu respiración, pero de modo relajado. La atención en la tradición mahayana se define como "un factor mental que se enfoca continuadamente en un objeto familiar sin distracción". En la tradición theravada es similar mantener atención al momento presente, conciencia del momento presente, presencia completa al momento presente. También se podría decir que es la capacidad de recordar constantemente. Despliega el fluido ininterrumpido de esa capacidad de "recordar" o de "no olvidar" y, esporádicamente, aplica la vigilancia o sampajaña para ver si estás atento.

La tendencia habitual es que, cuando intentas concentrarte, tensas el cuerpo, y no es necesario. Procura mantener el continuo de la atención con el cuerpo relajado y sin tensión alguna. Si tienes muchas distracciones añade el conteo hasta diez de las respiraciones[8]. Aplica las cuatro fases que se describen en el sutra más arriba.

Cuando la mente se une con la respiración, de modo natural te estás concentrando en el presente. La mente puede irse a objetos de los sentidos –como sonidos y olores– o a objetos mentales –como algún recuerdo, algún proyecto para el futuro...–. Date cuenta de que te has marchado del presente. En ese momento olvidas la respiración y experimentas esos objetos, nadie te los envía, has caído en una distracción. Regresa a la respiración, pero con una nueva visión del cambio, del malestar, de la ausencia de solidez y sustancialidad.

Una vez has desarrollado la capacidad de estar atento continuadamente, crece desde tu interior un sentido de equilibrio y bienestar especial. Puedes descansar en dicha serenidad y profundizar en ella. Que tu continuo mental sea como la corriente de un río de agua fresca y clara, y no permitas que tus distracciones lo contaminen.

Así pues, podrías empezar alternando atención a la respiración y acercarse a las partes del cuerpo para notar cualquier sensación tensa y aflojarla. Sólo esto ya reporta un gran beneficio para tu salud, ya que ni tan siquiera eres consciente de las múltiples tensiones que se acumulan en el cuerpo. Te ayuda a centrar la mente y no ir de un lado a otro bajo el comando de tus sentidos o del fluido ininterrumpido de pensamientos y conceptos.

Durante el proceso de la muerte, llegas a un punto en que la respiración se detiene y la atención a la respiración no será posible, pero sí puedes meditar en los sucesos mentales que ocurren, porque puedes seguir con atención al dominio de la mente -imágenes, pensamientos, memorias, emociones e impulsos-. En lugar de temer a la muerte, mantén atención

---

8 Ver *Mindfulness y mucho más* y *Samatha y Vipasana/el poder de la concentración* en www.edicionesamara.com

a los sucesos que ocurren en el espacio de la mente y en su naturaleza. El cerebro baja el telón, pero la continuidad de la mente sutil (pali: *bhavanga*) sigue activa y es posible permanecer en esa dimensión.

Forma parte integral del fundamento de la atención al cuerpo prestar atención a las cuatro posturas físicas: estirado, levantado, caminar y acostarse.

La atención a las cuatro posturas

Prestar atención o mindfulness en las cuatro posturas del cuerpo –caminar, sentado, de pie y acostado– se enseña al principio y se practica a lo largo de tu adiestramiento. En cualquier actividad que hagas –barrer, comer, beber, hablar…– te adiestras en la atención y la vigilancia o comprensión clara.

Se trata de saber lo que estás haciendo cuando lo estás haciendo. Ser consciente no sólo del movimiento del cuerpo, sino también de cómo se mueve –rápido, lento, suave o con agitación–. En lugar de dejar que la mente divague persiguiendo cualquier pensamiento que aparezca, permanece completamente presente con el cuerpo, sin irte al pasado o al futuro.

Al empezar la meditación caminando, toma conciencia del pie derecho y del izquierdo al pisar. Al llegar al final del tramo, haz una pausa y sé consciente de que estás de pie. Luego, vuélvete lentamente y haz una pausa –sé consciente de esos movimientos–, y empieza a caminar de nuevo con atención profunda al movimiento del pie derecho y del pie izquierdo.

Después, para hacer más sutil la atención, divide cada paso en tres fases –levantar el pie, empujarlo hacia adelante y colocarlo en el suelo– y sé consciente de cada fase. La intención de levantar, empujar y colocar el pie en el suelo precede a cada movimiento; sé consciente también de estas intenciones.

La atención se basa en las seis fases: intención de levantar, levantar, intención de empujar, empujar, intención de colocar el pie en el suelo, colocar el pie en el suelo. Cuando desarrolles habilidad en ser consciente de cada una de estas fases, sé consciente de intenciones cada vez más sutiles y de movimientos más pequeños de los pies. Cuando se desarrolla una atención estable, es posible notar la aparición y el cese de cientos de diminutas intenciones y de cientos de diminutas acciones en cada segundo. Cuando se combina esta atención con la vigilancia y el análisis, conduce a la sabiduría.

Aunque esta práctica tiene un efecto positivo en nuestras vidas aquí y ahora, no te conformes con eso. Recuerda que el verdadero propósito de la práctica de la atención es la liberación de duhkha y persevera para que tu práctica vaya en esa dirección. Esto se hace observando las tres características en todas las acciones –impermanencia, duhkha y ausencia de una identidad personal sólida–. Cuanto mayor es la atención y la vigilancia durante las actividades cotidianas, más fuertes serán durante las sesiones de meditación.

Con la atención a la postura tratas de ser muy consciente de si estás sentado, de los movimientos al levantarse, del impulso mental de hacerlo. Nota como los movimientos físicos están siempre cambiando. Date cuenta de que, incluso tumbado, quieto, tu corazón late, la sangre circula, los pulmones se llenan y vacían. Todo te recuerda la transitoriedad. También crees que lo controlas todo: sólo tienes cierto control moderado sobre los movimientos externos y ninguno sobre los movimientos internos sutiles. Carencia de control, de dominio, es frustrante. Considera la falta de sustancialidad del movimiento del cuerpo.

Nota el contacto del cuerpo con aquello con lo que estás en contacto, la pesadez y solidez del elemento tierra. De nuevo mantente atento a todo lo que ocurre y regresa al cuerpo. Pase lo que pase –pensamientos, sensaciones relativas al cuerpo y sus movimientos...– no eliges tú, todo aparece y se desvanece.

Buda se dio cuenta de que únicamente concentrar la mente, por sí solo, no desenraiza las aflicciones, sólo las deja latentes; descansas de ellas, pero no te liberas de ellas. La calma sólo suprime los síntomas, lo cual no está nada mal, pero eliminarlas de raíz es definitivo. Y ésta es la aportación del Buda y lo que hace su sendero muy diferente. Samatha calma, vipasana desenraiza. Como se puede constatar, vipasana está más allá de credos e ideas. Es un modo incisivo y profundo de obtener una comprensión de la naturaleza del alma humana.

El Dalai Lama, en el volumen IV de su colección *Biblioteca de sabiduría y compasión*, señala:

La atención al cuerpo implica reflexionar sobre sus causas, su naturaleza y su resultado. La atención investiga el cuerpo y ve que, aunque parezca lo contrario, no es limpio y atractivo, es impermanente, no puede proporcionar felicidad o placer auténticos y carece de existencia esencial. Esto reduce nuestro apego por él, lo que disminuye la preocupación y la obsesión por el cuerpo.

Las *causas* del cuerpo son el esperma y el óvulo. No son sustancias atractivas que nos guste ver. Vienen de la parte inferior del cuerpo y la gente las suele considerar impuras. Si estuvieran aquí sobre la mesa, la limpiaríamos. No son como la miel o la leche, productos que nos gustan y apreciamos.

Aunque superficialmente pueda tener buena forma, color o tamaño, la *naturaleza* de nuestro cuerpo actual no es deseable. Si se abriera, veríamos músculos, tejidos, tendones, órganos, huesos, sangre y médula. Mira las fotografías del interior del cuerpo en los libros de anatomía u observa una autopsia, como hacen muchos monjes theravada. Esto contrarresta las nociones poco realistas de que el cuerpo es limpio, atractivo y fuente de placer.

Normalmente, consideras tu cuerpo y el de los demás como sólido, permanente y atractivo, pero cuando miras en profundidad la naturaleza del cuerpo, se hace evidente que considerarlo limpio y bello es una concepción errónea.

El *resultado* del cuerpo es un cadáver, la muerte. Claramente, el resultado final de este cuerpo no es nada deseable.

Atención a los aspectos desagradables del cuerpo

En el sutra dice:

Él revisa este cuerpo mismo desde las plantas de los pies hacia arriba y desde la parte superior del pelo de la cabeza, rodeado por la piel, lleno de muchos tipos de impurezas como estas: "en este cuerpo hay pelo en la cabeza, pelo en el cuerpo, uñas, dientes, piel, carne, músculos, huesos, médula, riñones, corazón, hígado, diafragma, bazo, pulmones, mesenterio, contenido del estómago, heces, bilis, flema, pus, sangre, sudor, grasa, lagrimas, grasa, saliva, mocos, líquido delas articulaciones y orina.

El Buda mencionó treinta y dos partes del cuerpo de las que ser conscientes. Aquí observamos cada parte, una por una, observando e investigando sus características. Las treinta y dos partes del cuerpo se dividen en seis grupos:

1. Cinco de la piel: pelo de la cabeza, pelo del cuerpo, uñas, dientes y piel.
2. Cinco del riñón: músculos, tendones, huesos, médula y riñones.
3. Cinco de los pulmones: corazón, hígado, tejido conectivo (cubierta de los músculos), bazo y pulmones.
4. Cinco del cerebro: intestinos, mesenterio (membranas de soporte), garganta (contenido del estómago), heces y cerebro.
5. Seis de la grasa: bilis, flema, pus, sangre, sudor y grasa.
6. Seis de la orina: lágrimas, grasa[9], saliva, mocos, líquido de las articulaciones y orina.

La observación de estos diferentes grupos te ayuda a comprender varias cosas: la naturaleza de duhkha, la fragilidad de la salud, la naturaleza desagradable de los diferentes componentes de tu cuerpo, que duhkha está siempre en tu interior, la impermanencia de dichas partes, la interdependencia de tu cuerpo y, en consecuencia, la ausencia de una identidad personal sólida.

---

9 Este es un líquido que se encuentra mayoritariamente en las palmas de las manos y en las plantas de los pies.

Es preciso ser cauto al dedicarse *a* ver el lado desagradable o sucio del cuerpo porque no es muy adecuado para meditadores primerizos; es mejor concentrarse primero en ver la impermanencia o la naturaleza de duhkha y la interdependencia del cuerpo antes de enfocarse en el aspecto desagradable de cada una de estas partes.

Elijas la contemplación que elijas, se vuelve evidente ante tus ojos que la idea y la comprensión que sueles tener habitualmente de tu cuerpo, así como la relación con él están muy alejadas de lo que es de verdad el cuerpo. Al acercarte a su verdadera naturaleza te alejas de lo que creías que era, ves hasta qué punto proyectas imágenes fantasiosas e ilusorias encima de la realidad.

El *Visudhimaga*, o *Sendero de purificación*, de Budagosha señala acerca de la atención a las partes desagradables del cuerpo que es una práctica que progresa prestando atención a cada parte individual hasta poder ser consciente de todas ellas, es decir, no ves sólo los aspectos desagradables de cada parte, sino de todo el cuerpo. Tienes que tener muy presente que el propósito no es otro que cortar el apego y el aferramiento a la pureza del cuerpo. Obviamente, su función no es deprimirse, ni generar ira hacia el cuerpo: al contrario, es la herramienta fundamental que usas para liberarte de todo tipo de apegos, es el vehículo que te permite desarrollar el sendero. Estas dos visiones se retroalimentan, no son contradictorias. El cuerpo tiene sus límites, pero a la vez es una gema que concede todos los deseos si se usa adecuadamente. Este equilibrio es importante.

Cuando se medita en los aspectos desagradables del cuerpo de los demás, es importante entender que la persona y el cuerpo son cosas distintas. Las diferentes partes del cuerpo pueden ser desagradables, pero la persona es un ser consciente que quiere ser feliz y liberarse del sufrimiento, igual que nosotros. La meditación sobre la naturaleza poco atractiva del cuerpo libera la mente de las falsas proyecciones que rodean al cuerpo, pero con respecto a la persona se debe desarrollar el amor afectuoso y la compasión.

Su Santidad el Dalai Lama y Thubten Chodron en *Tras las huellas del Buda* dicen:

> El propósito de meditar con atención sobre el cuerpo es verlo como realmente es, sin las fantasías que habitualmente proyectamos sobre él. Estas fantasías llevan a la gente a tener dos actitudes principales hacia su cuerpo. Con la primera, nos entregamos a los placeres que el cuerpo puede proporcionar, dándole todo lo posible para que nos proporcione felicidad. Con la segunda entramos en conflicto porque nos molestan diferentes aspectos de nuestro cuerpo y luchamos contra él.
>
> La primera actitud es la más frecuente y es la que nos impulsa a buscar placer sensorial de cualquier manera posible: gimnasios, farmacias, peluqueros estilistas, centros vacacionales, masajes, restaurantes, etc., sirven directamente a la comodidad física.
>
> La otra actitud es la del conflicto en la que no nos gusta el cuerpo y, en ocasiones, lo odiamos porque no tiene el aspecto que queremos; tenemos miedo de que nuestro cuerpo enferme, se haga daño, envejezca y muera.
>
> Estas formas disfuncionales de relacionarse con el cuerpo se basan en verlo como algo permanente y esperar que el cuerpo mantenga la buena salud y que viva ilimitadamente. Creer que el cuerpo tiene la capacidad de proporcionarnos felicidad nos hace ser complacientes con los placeres sensoriales y nos enfadamos cuando los viejos placeres ya no nos hacen disfrutar. Esta angustia es especialmente notable hoy en día y nuestro esfuerzo por distraernos de ella crea a menudo más tristeza.
>
> Si dedicamos energía al fundamento de la atención al cuerpo, dará como resultado nociones y expectativas realistas en relación con el cuerpo, y esto a su vez hará que disminuya la angustia en relación con él. La atención al cuerpo es tan necesaria ahora como lo era cuando la enseñó el Buda, hace veintiséis siglos. Cuando se realiza esta práctica de forma

> adecuada y completa conduce al bienestar en el presente y, a largo plazo, a la Liberación.

Y más adelante señalan:

> Esta meditación es una manera excelente de comprobar si nuestro concepto del cuerpo se corresponde con lo que el cuerpo es en realidad. Contrarresta la imagen idealizada que presentan los medios de comunicación. Normalmente, vemos los cuerpos aparentemente atractivos de modelos en las revistas o en las películas y deseamos tener el mismo aspecto o conocer a alguien que lo tenga. Esto causa mucha angustia mental, porque por más que lo intentemos, nunca logramos vernos tan atractivos como quisiéramos. Al examinar de qué están compuestos los cuerpos de estos modelos, los de los ídolos del deporte y los de las estrellas de cine, somos más realistas y vemos que no es sensato basar nuestra autoestima en la juventud, la agilidad, la fuerza o el atractivo del cuerpo. Nuestro potencial para la Iluminación es una base mucho más segura para nuestra autoestima que el cuerpo, que está compuesto de partes sucias y que envejece, enferma y muere.
>
> La atención al cuerpo incluye contemplar su impermanencia, su naturaleza en constante cambio. A nivel burdo, el cuerpo envejece y muere. A nivel sutil, no permanece como está en el instante siguiente, es un flujo constante, la perpetua inestabilidad de surgir y desintegrarse a cada momento. Reflexionando en ello, comprendemos por qué el cuerpo nos causa tanto dolor y sufrimiento y por qué nunca puede darnos una satisfacción genuina. Viendo con claridad estos aspectos de su impermanencia y duhkha, nos damos cuenta de que el cuerpo tampoco es un yo. No es algo que podamos controlar o algo que nos pertenezca. Simplemente es un objeto material compuesto de elementos y partes que son un flujo constante.
>
> Contemplar el cuerpo lleva a una comprensión más

profunda de la naturaleza de los fenómenos externos: montañas, árboles, coches, dinero, etc. También son impermanentes, siempre cambiantes. Esta comprensión también puede ir en sentido contrario. Después de contemplar la impermanencia de los fenómenos externos y la composición de la materia inerte, reflexiona en que el cuerpo es similar: está compuesto de elementos similares y tiene la misma naturaleza transitoria.

Atención a los elementos

La atención al cuerpo respecto a los elementos que lo componen se hace de manera concisa como sigue en el *Majjhima Nikaya*:

> Un monje examina este mismo cuerpo –sin importar cómo se encuentre, sin importar cómo esté dispuesto– como un fenómeno compuesto de los elementos de este modo: "En este cuerpo está el elemento tierra, el elemento agua, el elemento fuego y el elemento aire".

Después de practicar *anapanasati* para desarrollar cierto nivel de samatha, podrías aplicar la atención a los cinco elementos de los que está compuesto tu cuerpo. Detéctalos porque los cinco forman parte del cuerpo. *El elemento tierra* consiste en lo sólido y estable o firme. *El elemento agua* es lo líquido, la fluidez y humedad. *El elemento fuego* es aquello que es caliente y quema, calor y frío en el cuerpo está relacionado con la intensidad del elemento fuego. *El elemento aire* tiene la cualidad de la ligereza y la movilidad y el *elemento espacio* es la cualidad de la falta de obstrucción. Estos cinco elementos constituyen los bloques constructores del mundo externo también.

Primero prueba a detectar el elemento tierra. Observa para ello el contacto del trasero con el cojín, de los pulgares que se tocan, de las manos apoyadas en tu regazo; examina el tacto de tu ropa sobre la piel. Los fenómenos del tacto manifiestan una o varias de las características del elemento tierra.

Trasládate al elemento agua. La boca es el lugar más

evidente. Tienes saliva: enfócate en el tacto de la saliva en la boca y no en tu idea de la fluidez y la humedad.

Calor, frío: ¿puedes notar si el frío o calor en el interior es más o menos que en el exterior?, ¿notas si la parte baja de tu cuerpo es más fría que la superior o la parte delantera más que la trasera?

El aire: ¿notas ese elemento de ligereza y movilidad? ¿Mueves el pulgar? Puedes moverlo debido al elemento aire. Muévelo y detenlo. Nota el movimiento en contraste con la quietud relativa. ¿Puedes detectar el elemento espacio?, ¿o sólo imaginarlo? Al final piensa en si hay algo más en tu cuerpo que no sea uno de estos elementos.

En la meditación ampliada de los elementos, se identifican las partes del cuerpo según el elemento dominante en ellas y se señalan las partes específicas que se corresponden con elementos específicos. Por ejemplo, al hablar del elemento tierra en el *Majjhima Nikaya*:

> Todo lo que internamente pertenece a uno mismo es sólido, solidificado y sujetable, es decir, el pelo de la cabeza, el pelo del cuerpo, las uñas, los dientes, la piel, los músculos, los tendones, los huesos, la médula, los riñones, el corazón, el hígado, el diafragma, el bazo, los pulmones, el intestino grueso, el intestino delgado, el contenido del estómago, las heces o cualquier otra cosa que internamente pertenezca a uno mismo, es sólido, solidificado y sujetable. Esto se denomina el elemento tierra interno.

Presta atención a los elementos de tu cuerpo para descubrir el contraste entre la experiencia en sí de solidez y firmeza y el concepto de solidez. Y lo mismo con el resto.

Puedes enfocarte en las distintas partes del cuerpo: pelo, piel, órganos internos, etc. Empiezas con las partes visibles, como tus piernas, tu piel, tu rostro… Y te podrías preguntar:

¿es igual que hace diez o veinte años? Por supuesto que no. ¿Qué ha ocurrido? Que todo, incluso tu cuerpo, está sujeto al cambio. ¿Es evidente o no?

Puedes abordar también los doce elementos líquidos y revisarlos de nuevo: bilis, flema, pus, sangre, sudor y grasa más sólida, lágrimas, grasa más líquida, saliva, mocos, líquido de las articulaciones y orina. Y, finalmente, sé consciente también del elemento fuego, en los procesos digestivos, y del elemento aire, en los movimientos del corazón, de la sangre, pulmones, movimiento físico y demás.

Todo en ti cambia: tus dientes, tu boca, la lengua, la piel… y esta comprensión te ayuda a tener la experiencia cada vez más profunda de que *no hay nada estable en el cuerpo y en sus partes*, te ayuda a superar el aferramiento a un cuerpo permanente.

Por supuesto que cuidas tu cuerpo de la mejor manera posible, incluso más que alguien que no medita porque sabes que es muy frágil y, por ello, has de aprovechar el tiempo. ¿Puedes escapar de esta fragilidad o del malestar en tu cuerpo? Busca la respuesta en tu interior. Y si te das cuenta del problema en el que te encuentras, te darás cuenta del trance en el que se hallan los demás y despertaras compasión por el malestar de los demás. *Usas tu dolor para abrir tu corazón al dolor que sienten los demás.* Si eres consciente de la realidad de tu cuerpo, te vuelves más humilde. Ver que tu cuerpo está siendo víctima de la impermanencia a cada instante es tan poderoso y abrumador que te entregas a la verdad.

Uno de los textos clásicos de la tradición theravada es el *Vimutimagga*, o *Sendero a la libertad,* de Upatissa –se cree que era de Sri Lanka y que vivió entre los siglos IV y V después de Cristo–. Habla de los elementos así:

> Solidez, fuerza, grosor, inmovilidad, seguridad y sostener es la naturaleza del elemento tierra.

> Humedad, fluidez impregnar, aumentar, cohesionar es la naturaleza del elemento agua.
> Calentar, calor, evaporar, madurar, consumir es la naturaleza del elemento fuego.
> Sostener, refrescar, movimiento fácil es la naturaleza del elemento aire.
> La tierra sostiene, el agua fluye hacia abajo, el fuego sube hacia arriba, el elemento aire se mueve de un lugar a otro alrededor del objeto.

Ten presente estas tres cosas: 1) *La naturaleza del cuerpo es malestar,* 2) *tiene la semilla para hacértelo experimentar y 3) no sabes cuándo.* Puedes estar cómodamente tumbado o sentado, pero tarde o temprano notarás alguna incomodidad. Trata de detectar la insatisfacción que es propia del cuerpo y que siempre está al acecho, date cuenta de la transitoriedad.

Cuerpo en descomposición y meditación en la muerte
En el capítulo anterior hemos revisado la muerte, que es una meditación que forma parte del fundamento de la atención al cuerpo, tal y como se explica en la tradición mahayana. Es bueno incorporarlo a la práctica por los muchos beneficios que conlleva. Se habla de dos tipos de impermanencia: la burda y la sutil. Un ejemplo de la primera es esta meditación sobre la propia mortalidad. La segunda, la impermanencia sutil, es su causa: el cambio constante e imperceptible de todos los componentes de nuestros agregados físicos y mentales. Uno puede enfocarse en los dos tipos de impermanencia.

El *Sendero a la libertad* da una reflexión sobre la atención a la muerte:

> *No ser consciente de la obligación.* Un hombre o mujer prepara comida sabrosa, bebida apropiada y las ingiere para cuidar su cuerpo. Lo baña a diario, lo perfuma y lo viste para dormir y en su vida cotidiana. Se ocupa de su cuerpo y cuida de él. Pero, desagradecido, ese cuerpo es como un árbol venenoso,

decae, enferma y se muere. Ese cuerpo es como un amigo íntimo que desconoce su obligación.

En realidad, somos como niños que les gusta estar siempre entretenidos y cuya duración de la atención, como la nuestra, es breve. Un buen padre mantiene al bebé ocupado y estimulado para que pueda hacer cosas distintas. Buda conocía muy bien el funcionamiento de la mente y nos dio una lista de cosas para hacer.

A medida que observas la respiración, las partes del cuerpo, sus elementos y el resto de los fenómenos, trata de comprobar si alguna cosa, la que sea, que encuentres en estos dominios, incluyéndote a ti mismo, es estable y no cambiante a lo largo del tiempo. La realidad es que todo se encuentra en un estado de cambio constante, sujeto a la transitoriedad burda y la sutil. Todo lo que es producido por causas sólo puede existir en un estado constante de flujo, surge y se desvanece a cada instante, no es que de la noche a la mañana te conviertas en un anciano.

El Iluminado decía: "Todo lo que nace, muere; todo lo que se une, se separa; todo lo que se acumula, se dispersa; todo lo que asciende, decae". Si analizas bien estos cuatro puntos, eso te dará energía para seguir con la práctica de la meditación y no dejarla hasta liberarte de esta maldición.

Puesto que nos asusta el cambio, imponemos un falso sentido de durabilidad encima del cambio constante. Esta ilusión creada conceptualmente la proyectamos después sobre nuestro cuerpo, nuestro sentido de identidad, las demás personas y el mundo que nos rodea. La meditación te ayuda a distinguir entre tus ilusiones y fantasías y lo que es la realidad en sí.

Es preciso abordar los cuatro fundamentos uno tras otro, de burdo a sutil, hasta que llegue un momento en el que detectes de inmediato cualquier sensación –física o mental–, estado mental, obstáculo, etc., y lo conviertas en objeto de tu atención para, así, tener una comprensión clara y diáfana de sus características. Aquello en lo que te enfocas cambiará. Se puede usar cualquier objeto para promover la comprensión de las tres características básicas de la realidad. Cuando aquello en lo que te has mantenido absorto desaparece, regresa al objeto original, la respiración. Ir de la respiración a otro objeto es válido y necesario en la práctica de vipasana, siempre y cuando promueva la experiencia de los tres aspectos básicos.

Así pues, cuando conozcas bien los *Cuatro Fundamentos de la Atención*, empieza con la respiración y si algo aparece de repente enfócate en ello. Respira atento y si, por ejemplo, oyes pasar un coche, reconócelo, no reacciones más allá de lo que has escuchado y regresa a la respiración. "En lo que ves lo que ves, en lo que escuchas lo que escuchas" es una parte de un sutra muy famoso, *El sutta de Bahija*[10].

Puedes enfocarte en la piel de tu cuerpo y ver cómo va perdiendo lozanía, cómo envejece, cómo ha perdido lustre. Después en tu pelo, en tu rostro, etc. Y regresa a la respiración.

Tradicionalmente se empieza con la respiración porque apacigua el cuerpo y la mente; pero podrías empezar observando el cuerpo. Y a medida que los otros fundamentos de la atención surgen te vas a ellos, asegurándote de que tus experiencias refuercen la comprensión de la transitoriedad, de duhkha y de una ausencia de identidad sólida en el yo.

No obstante, aquí es preciso resaltar un punto significativo. Son muchas las personas que asisten a retiros de vipasana y salen de ellos creyendo que solo consiste en respirar y escanear el cuerpo, cosa alejada de la realidad porque vipasana es mucho más que esto. Y ocurre porque carecen del conocimiento del contexto de la filosofía budista. Bhikku Analayo, uno de los grandes eruditos y expertos en vipasana, señala que es difícil

---

10 Ver libro *Samatha y vipasana/Mindfulness y mucho más*, pág. 120-122, en www.edicionesamara.com

practicar vipasana sin tener un mínimo conocimiento básico de las enseñanzas budistas.

¿Cómo puedes pretender detectar desde la respiración los diferentes elementos del cuerpo, las sensaciones, la consciencia o los fenómenos o dharmas si no los conoces? Y si además ignoras las tres características de la realidad, ¿cómo puedes extraer los grandes beneficios de vipasana?

Por este motivo, en los retiros de *Vipasana y mucho más* enfatizo meditar en la revisión y análisis de cada uno de los *Cuatro Fundamentos de la Atención* individualmente. Con esta experiencia profunda, de manera natural se podrán poner en práctica *todos ellos* cuando uno use la respiración como su base.

Serás capaz de hacerlo porque, meditando en la respiración, en cuanto notes una sensación la identificarás, sabrás si es física o mental, agradable, desagradable o neutra, cuál es su causa, su resultado, su función. Y si aparece una emoción aflictiva, sabrás de qué se trata; y lo mismo si aparece un obstáculo como la distracción, sabrás aplicar el antídoto adecuado.

Será entonces cuando podrás estar toda la sesión observando la respiración, pero, a la vez, podrás estar atento y vigilante al territorio que ya conoces de tu cuerpo, sensaciones, mente y dharmas. Ciertamente, sin tener un buen conocimiento de estos cuatro fundamentos, vipasana se puede transformar, lamentablemente, sólo en una meditación en la respiración.

Bikkhu Soma Thera al final de la traducción del texto *Sendero a la libertad*, de Upatissa, señala que en el *Sutra Kitagiri*, Buda dijo:

> En verdad la experiencia de la sabiduría no surge espontáneamente o de repente.

Y más explícito, el Iluminado dejó dicho:

> No enseño el logro de la sabiduría espontánea, bhikkhus. El logro de la sabiduría tiene lugar gracias a un adiestramiento

> gradual, una labor y una práctica graduales. ¿Cómo tiene lugar el logro de la sabiduría gracias a un adiestramiento gradual, un trabajo y una práctica graduales? Así: la persona con fe se aproxima; al aproximarse, se sienta cerca; al sentarse cerca, presta atención; al prestar atención, escucha la doctrina; tras escuchar la doctrina, la recuerda, examina el significado de lo que recuerda; cuando examina su sentido, las enseñanzas se vuelven inteligibles para ella; cuando la enseñanza se vuelve inteligible, nace el interés por ella; con este interés surge el entusiasmo y el esfuerzo; con el esfuerzo investiga la naturaleza de las cosas; tras investigar la naturaleza de las cosas, se esfuerza en lograr el sendero; mientras se esfuerza en lograr el sendero, comprende y experimenta la verdad más elevada y la ve al penetrarla con la sabiduría.

Vivimos en un mundo donde todo sucede muy deprisa, pero el desarrollo espiritual no es cuestión de un par de años, como dice el sutra de arriba. Aborrecemos tener que hablar de proyectos que requieran un desarrollo gradual, lento, elaborado y minucioso, que conlleve tiempo, dedicación sostenida y paciencia.

En ocasiones, en los sutras y en las enseñanzas orales se habla de la experiencia –logro espiritual– espontánea y repentina. En la tradición tibetana se usa el ejemplo de Milarepa, que alcanzó la Iluminación en un solo espacio de vida, pero no se suele explicar que monjes educados saben que, en su vida previa, Milarepa había sido un gueshe kadampa seguidor de Atisha.

Según se cuenta en el *Uddana,* Bahija había alcanzado un alto grado de purificación mental: de hecho, incluso estaba convencido *erróneamente* de que se había convertido en un arhat, un liberado. El sutra explica que fue un náufrago y en el recóndito lugar donde naufragó usó lo que erróneamente pensaba que era un elevado nivel de realización espiritual. Se hizo pasar por un ser liberado y, para impactar más a la gente, solía vestirse con una corteza de árbol. Su propósito no era otro que hacer dinero. Sin embargo, con el tiempo, se percató de su hipocresía y cinismo. Se dice que, impulsado por sus dudas, se enteró de la existencia de Buda y atravesó medio continente indio para ir a encontrarse con él y, al escuchar una frase que le recitó el Iluminado, purificó y alcanzó el estado de arhat. Como bien se dice, "Rectificar es de sabios".

En la theravada se coincide con la mahayana con respecto al sendero espontáneo y se pone de ejemplo a Bahija, cuyo despertar tuvo lugar minutos después de su primer encuentro con el Iluminado y con sólo recibir una concisa y esencial instrucción. No obstante, Bahija ya había seguido un sendero gradual fuera del ámbito de adiestramiento budista, y cuando se encontró con el Iluminado, ya poseía un elevado grado de madurez espiritual, de modo que la breve instrucción sirvió de catalizador para que tuviera lugar su salto definitivo a la Liberación.

Atención a las sensaciones

El *Satipathana sutra* dice:

> Y cómo, bhikkhus, ha de morar un bhikkhu al contemplar las sensaciones en las sensaciones.
>
> Así, bhikkhus, cuando se experimenta una sensación agradable el bhikkhu sabe: "Experimento una sensación agradable"; cuando experimenta una sensación desagradable, él sabe: "Experimento una sensación desagradable". Cuando se experimenta una sensación neutra el bhikkhu sabe: "Experimento una sensación neutra". Cuando se experimenta una sensación agradable mundana, el bhikkhu sabe: "Experimento una sensación agradable mundana"; cuando se experimenta una sensación agradable no mundana, el bhikkhu sabe: "Experimento una sensación agradable no mundana". Cuando se experimenta una sensación desagradable mundana, el bhikkhu sabe: "Experimento una sensación desagradable mundana"; cuando se experimenta una sensación desagradable no mundana, el bhikkhu sabe: "Experimento una sensación desagradable no mundana" [...]

Vedana en pali, o *tsorwa* en tibetano, alude al factor mental de la sensación. En inglés, la palabra *feeling* puede tener dos acepciones, *sensación* y *sentimiento*, y *vedana* o *tsorwa* aluden sólo a la primera. Este es el fundamento de la atención a la sensación. No se refiere a sentimientos o emociones como el amor, la ira, el apego y demás. En realidad, todos ellos surgen a partir de las sensaciones o *vedana*, por lo tanto, confundirlos no sería apropiado para la práctica.

Las instrucciones del sutra presentan los tres tipos de sensaciones: placenteras, dolorosas y neutras. Identificarlas, comprenderlas y desapegarse de ellas tiene el potencial de dirigirte a la liberación de duhkha. Y lo que te pide este fundamento de la atención es dirigirte a las primeras etapas del "me gusta", "no me gusta", notando si el instante presente tiene la característica de alguno de los dos. Es decir, saber cómo te sientes en cada momento, pero de un modo que tengas espacio para reaccionar sabiamente.

De momento, las sensaciones son dukkha por naturaleza, son insatisfactorias. Aunque a veces puedas sentir placer, no dura y conduce a la infelicidad. Incluso cuando tienes sensaciones neutras, se está preparando el escenario para que surja el dolor o el placer en cualquier momento. Comprender la naturaleza insatisfactoria de las sensaciones te ayuda a entender el deseo y el apego, a los que inducen, lo cual te lleva a comprender que la ignorancia es la fuente de duhkha. De esta manera, llegas a entender los orígenes verdaderos del sufrimiento, la segunda verdad.

Prestar atención a la sensación física es más sutil que prestar atención a las partes del cuerpo, y prestar atención a la sensación mental aún lo es más que estos dos, por ello este fundamento es más sutil que el del cuerpo. En consecuencia, es de vital importancia meditar en el fundamento de la atención a la sensación *de modo individual*, para conocer y detectar con precisión la naturaleza, causas y resultados de la sensación.

Las sensaciones son un elemento muy importante porque las sensaciones agradables, desagradables y neutras te condicionan a responder con alguno de los tres venenos. Todo lo que hacemos en la vida, nuestras decisiones, nuestra educación, nuestro trabajo, nuestras distracciones, nuestras compañías, etc., son conducidas por las sensaciones. Las sensaciones nos conducen al malestar perpetuo o a la liberación total y son esenciales para la supervivencia.

Una primera clasificación de la sensación distingue entre sensaciones materiales, o las que se experimentan a través de los cinco sentidos físicos, e inmateriales, las que se experimentan en la consciencia mental. Hay distintas maneras de dividirlas y el propósito es ayudarte a identificarlas en tu meditación.

Las sensaciones aparecen dependiendo de cualquiera de las cinco consciencias sensoriales –ver, oír, oler, saborear y tocar–. En este caso se dice que son físicas. También las hay que surgen en función de pensamientos y actividad de la consciencia mental, como recordar algo o a alguien, proyectar algo sobre el futuro, etc. En este caso son sensaciones mentales.

Mogok Sayadaw denomina a las sensaciones que vienen de los cinco sentidos, "visitantes externos", a las sensaciones de la consciencia mental, "visitantes internos" y a las que vienen de anapanasati, "visitantes de paso".

Los seis tipos de sensaciones de estas dos divisiones se podrían dividir asimismo en dos tipos más, las sensaciones relacionadas con lo material y las relacionadas con la renuncia o lo espiritual, es decir, sensaciones que te pueden ayudar a progresar o a no progresar en el sendero a la libertad.

Un sutra compara la naturaleza de las sensaciones a los aires o vientos que vienen de diferentes direcciones. Estos vientos pueden ser frescos, más cálidos o polvorientos. De modo similar, eres presa de los vientos de las sensaciones en tu interior y, del mismo modo que uno no puede luchar con el tiempo, no es posible evitar el tipo de sensaciones que aparecen. Pero, en el mero acto de prestar atención a las sensaciones uno ya se mueve más allá de su poder controlador y condicionador.

Las sensaciones están estrechamente vinculadas al ansia y el aferramiento tal y como aparecen en la *Rueda de la Vida* y los *doce vínculos de originación dependiente*, y al ser así, promueven los cuatro tipos de aferramiento a la esclavitud de duhkha: 1) aferramiento a objetos deseables, 2) aferramiento a puntos de vista, 3) aferramiento a reglas y prácticas y 4) aferramiento a la visión errónea de la identidad personal, también conocido como *visión errónea de lo compuesto y transitorio*. Aunque esto último requiere una larga explicación, está más allá del propósito de este libro.

Así pues, experimentar felicidad, bienestar y malestar, es un elemento importante del desarrollo interior siempre y cuando no conduzca al apego, la ira o la ignorancia, que es lo que precisamente se pretende desactivar al prestar atención a las sensaciones.

El factor mental de la sensación está siempre presente. Es la mera experiencia de placer, malestar o neutralidad que aparece y desaparece a causa de tus propias tendencias kármicas del pasado y del contacto con cualquiera de los objetos de las seis consciencias.

Cuando se trata de una sensación agradable, la reacción inmediata es congelarla y aferrarte a ella; cuando es desagradable la reacción es el rechazo, la aversión, la frustración, y si es neutra la ignoras y desconoces su naturaleza transitoria y perecedera.

Cuando aparezca una sensación observa la triple secuencia, pero quédate enfocado en la sensación misma, sin permitir que surja reacción alguna. La sensación es un condicionador porque activa tus reacciones teñidas de apego, ira o ignorancia. Cuanto más conozcas el modo de funcionar de la sensación, más podrás impedir este ciclo vicioso.

Un famoso sutra budista señala que las sensaciones también son como burbujas en un estanque en un día de lluvia torrencial: aparecen y desaparecen.

Cualquiera de las seis consciencias primarias aprehende cognitivamente y conoce objetos y la sensación, un factor mental en ella, los experimenta. Si acompaña a un factor mental negativo como la ira puede provocar de inmediato una sensación desagradable; si acompaña al amor universal tendrás una sensación agradable. Podríamos decir que las sensaciones son las encargadas de experimentar el "sabor" o "gusto" de un objeto.

Cuando entiendes la naturaleza de la sensación y la identificas te desenganchas de la obligación de responder mal, y te ayuda a soltar la ira, el apego y la ignorancia, así como los actos impulsados por estos tres venenos.

Asumes de modo innato que las sensaciones son una respuesta ante las situaciones externas cuando, en realidad, tanto las sensaciones agradables como las desagradables vienen *principalmente* de tu propia mente porque son un resultado kármico de tus actos previos. Así, un mismo espectáculo produce placer en una persona, aversión en otra e indiferencia en una tercera.

Una sensación es un efecto y, a la vez, una causa kármica, ya que provocará otra reacción. Como se ha dicho, los tres tipos de sensación dan lugar a los tres venenos –apego, aversión e ignorancia–, y todos ellos alteran tu mente, te roban la paz, y evitarlo es tu labor. La medicina tradicional tibetana afirma que los tres venenos alteran la salud. Los médicos hoy en día saben que la ira ocasiona problemas en el corazón. Buda ya dijo que los *kleshas* afectan a tu cuerpo. Tanto las sensaciones como los kleshas constituyen un problema y por ello son objeto de la atención en vipasana.

Tu cometido en la meditación es detectar las sensaciones, ver cómo te impulsan a reaccionar, no hacerlo y ser testigo de cómo se desvanecen.

Las sensaciones también pueden dar pie a estados mentales positivos. Cuando eres consciente de que los demás sufren, tu sensación desagradable puede impulsarte a ayudarles, esto no es apego, es compasión. Y si deseas dar felicidad o que la tengan los demás, es *amor afectuoso*. Puedes alegrarte de la alegría ajena o desear que los demás no caigan víctima de la ira, el apego o la indiferencia.

Las sensaciones surgen de modo dependiente: primero hay un contacto con un estímulo externo o interno, el cual actúa como base de la sensación correspondiente. Imagina que entra una persona que no te gusta por la puerta, esta percepción visual despierta una sensación desagradable, que da paso a la aversión, y esto, a su vez, te puede impulsar a actuar física y verbalmente. Vipasana te ayuda a observar el proceso cuidadosamente.

Se ha demostrado empíricamente que entre el momento en que aparece la intención y antes de empezar la acción prevista hay un breve espacio, un cuarto de segundo. Los meditadores budistas coinciden en que "este espacio de tiempo es crucial". Es el instante en que tienes la posibilidad de seguir o rechazar el impulso de actuar. La voluntad, el libre albedrio, reside aquí, en este cuarto de segundo.

Como se ha dicho, las sensaciones agradables y desagradables pueden activar las predisposiciones latentes del apego y de la ira o enfado respectivamente, y las sensaciones neutras estimulan las de la ignorancia. La base del apego y de la ira es la ignorancia; ésta se manifiesta en indiferencia y falta de atención total a la naturaleza de la sensación.

La ignorancia con respecto a las sensaciones neutras es el no ser consciente del surgimiento y desvanecimiento de esas sensaciones, o no entender las ventajas y desventajas de identificarlas o no. Bikkhu Analayo sugiere que un modo de empezar a identificarlas es por medio de la inferencia, notando la ausencia de las sensaciones agradables o desagradables. La inferencia en la tradición mahayana se explica como un medio para tener una comprensión válida de la naturaleza de la realidad; no es una comprensión directa, sino indirecta y válida.

El Abhidharma sostiene que sólo el sentido del tacto va acompañado de dolor o placer, mientras que las sensaciones que surgen de los otros cuatro son invariablemente neutras. Esta presentación puede parecer sorprendente. Es bueno reflexionar e investigar al respecto, ya que lo que sugiere es que una sensación agradable o desagradable es, simplemente, el resultado de la propia evaluación mental. Nuestro bagaje kármico nos condiciona a sentir la realidad de un modo u otro. En la tradición mahayana se explica de un modo muy profundo la relación entre la mente, las semillas kármicas que transporta y nuestras experiencias específicas con respecto a los objetos.

Un punto adicional es que solemos tener algunas experiencias agradables, algunas más de desagradables, pero las neutras son las que tenemos habitualmente. Por ello, con respecto a las sensaciones neutras, al ser más constantes y habituales, es fácil creer que son permanentes y así nos pasan desapercibidas. En consecuencia, vipasana enfatiza el penetrar en su naturaleza transitoria, ya que siempre son la antesala de las agradables o las desagradables.

Es importante acentuar que Buda no aconsejó de ningún modo reprimir la experiencia de las sensaciones agradables, físicas o mentales, ni acentuó las desagradables como modo de purificación, sólo enfatizó las consecuencias éticas y mentales de todos los tipos de sensación. Esto queda muy claro cuando uno llega a comprender que las sensaciones activan tendencias mentales latentes hacia el apego, la irritación y la ignorancia.

¿Cuántas personas se sienten infelices, aunque gozan de mucho éxito personal? Se trata de una inquietud profunda que en ocasiones surge sin causa externa alguna. Pasan los años y de repente te empiezas a formular preguntas como: "¿Por qué estoy aquí si me he de morir?", "¿cuál es el sentido de la vida?". Son mensajes del fondo de tu ser.

Buda señaló en un sutra:

> El modo de purificar a los seres para destruir la insatisfacción,

para entrar en el sendero noble, para experimentar la Liberación, es la atención.

Una vez has practicado el fundamento de la atención a la sensación por separado para conocer su naturaleza, causas y resultados, podrás aplicar esta experiencia cuando uses la respiración como objeto focal habitual.

Al cuerpo no le gusta estar quieto y aunque duermas en un buen colchón, el cuerpo se mueve en él. Por ello, si cuando meditas en la respiración aparece alguna incomodidad, en lugar de cambiar de posición o moverte, que es la reacción habitual, sé consciente de lo que ha sucedido, del contacto con el cojín, tu trasero, tus piernas... pues del *contacto* viene siempre algún tipo de *sensación* que produce alguna *reacción*.

Cualquier sensación aparece sin que tú la invites: ¿es realmente tuya?, ¿quién es el que la posee?, ¿dónde está?, ¿lo puedes señalar o ubicar en alguna parte? Si te resulta necesario moverte, hazlo... con atención, observa la intención de moverte.

De manera natural, a medida que vayas meditando, la capacidad de crear este espacio entre la sensación y la reacción se traslada a la vida. Aprender esto es un arma muy poderosa que te ayuda a vivir mejor porque las sensaciones son causa inmediata de emociones aflictivas y éstas son las responsables de que pierdas tu paz interior.

Así, una vez bien instruido, quizás has estado diez minutos en *anapanasati*, la respiración, y de repente aparece un dolor en la espalda, en el cuello o en la rodilla: deja la respiración y observa la zona donde sientes ese malestar o sensación desagradable y física. En ocasiones, sólo observando se desvanece o disminuye. Observa tu reacción.

Si surge una sensación agradable, observa cómo aparece el apego y se pega a ella. A medida que ves que las sensaciones varían, te das cuenta de que son transitorias y fugaces. Concéntrate en la transitoriedad que notas. Después regresa a la respiración.

Puedes observar las sensaciones en tu cuerpo, el tacto con el cojín, los pulgares tocándose, la piel en contacto con la ropa, etc. Dirige la atención a la coronilla y observa cualquier sensación física que puedas notar; sin conceptualizar, simplemente nota cualquier sensación evidente. ¿Es estática o cambiante?

Seguidamente, amplia la zona a toda tu cabeza y haz lo propio con tu rostro, la frente, el lado derecho, el lado izquierdo, los ojos, el cuello… Nota si las sensaciones están en la superficie o en el interior. De ahí te trasladas al cuello, los hombros, los codos, el tronco, la cadera, las piernas, las rodillas, los pies…

Si en tu meditación aparece algún ruido, observa la sensación que despierta; si necesitas moverte o hacer algo inocente como rascarte la nariz, antes de hacerlo, identifica la sensación que hace surgir este deseo.

Si no hay sensaciones agradables o desagradables, ¿puedes detectar las neutras? En este caso no hay ausencia de sensación sino sensación neutra: ni dolor ni placer. Es más difícil de identificar, aunque es la más predominante.

Atención a la mente

Atención a la mente.

> Y cómo, bhikkhus, ha de morar un bhikkhu al contemplar la consciencia en la consciencia.
>
> Así, bhikkhus, un bhikkhu sabe que la consciencia con apego-deseo es una consciencia con deseo; que la consciencia sin apego-deseo es una consciencia sin apego-deseo; que la consciencia con ira es una consciencia con ira; que la consciencia sin ira es una consciencia sin ira; que la consciencia con ignorancia es una consciencia con ignorancia; que la consciencia sin ignorancia es una consciencia sin ignorancia; que la mente constreñida es una consciencia constreñida; que la consciencia sin constreñimiento es una consciencia sin constreñimiento; que la consciencia dispersa es una consciencia dispersa; que la consciencia sin dispersión es una consciencia sin dispersión…

Se habla de que la mente o consciencia es aquello que es consciente de un objeto y que los factores mentales son lo que le dan color: surgen con ella y la modifican. No se pueden separar la consciencia y los factores mentales de ella. Aquí hay que poner el énfasis en detectar la presencia de los tres venenos en la consciencia mental. En el fundamento de la atención a la sensación tratabas de identificarla para así descubrir el productor inmediato de los tres venenos; ahora te trasladas directamente a la proliferación o no de los tres venenos en tu consciencia mental. En realidad, tu objeto de atención son los diversos factores mentales, positivos o negativos, que se describen en el Abhidharma.

En la ciencia moderna, los objetos externos constituyen el campo de investigación. En la ciencia budista, el mundo interior

–la propia mente– es el campo principal de investigación. Al observar la mente o consciencia, en ocasiones, una parte de ella es el objeto, el campo de análisis, mientras otra parte de ella actúa como su observador, o se dice también que, un instante de mente observa el momento previo de la mente misma.

El fundamento de la atención a la mente revela que ésta es cambiante y momentánea, surge y cesa a cada instante, lo cual te ayuda a reconocer que es vacía de una identidad personal sólida e independiente. Comprender la naturaleza cambiante de la mente te anima a aspirar a la Liberación y engendra una comprensión profunda de las cesaciones verdaderas, la tercera verdad noble.

La calma que proviene de la atención y concentración alivia el estrés, ralentiza la velocidad con que funciona la mente, pero por sí sola no te inmuniza contra verte atrapado por todo aquello a lo que estás habituado y que te perjudica. La calma de samatha conduce todas esas fuerzas negativas a la retaguardia de la mente, o a sus profundidades, pero si la calma cesa, ¡todas vuelven a subir a la superficie! En los cuatro fundamentos no sólo desarrollas quietud o calma, sino también comprensión de la naturaleza de las cosas que te ocurren. Esta comprensión se transforma en sabiduría.

En el Vol. IV de *Biblioteca de sabiduría y compasión,* el Dalai Lama y Thubten Chodron señalan:

> La atención a la mente ayuda a superar la distorsión de creer que lo que es impermanente es permanente. La mente del pasado ya no está, la mente del futuro aún no ha llegado, sólo existe la mente presente, pero también está siempre cambiando y no permanece en el siguiente nanosegundo. Cada instante de la mente surge, permanece y se desintegra simultáneamente. A menudo escuchamos el consejo de "Permanecer en el momento presente", pero ¿cuándo es el momento presente? Tan pronto como ha surgido, ha cesado.

> Si intentamos aislar y examinar un momento, encontraremos que tiene un principio, una parte media y un final. ¿Cuál es la parte presente de ese momento? ¿Cuándo permanece la mente? Si decimos la parte media, nos enfrentamos al mismo dilema porque también tiene un principio, una parte media y un final.
>
> Aparte de observar la impermanencia de la mente, se puede observar su contenido, es decir, pensamientos, recuerdos, estados mentales y ella misma.

Para practicar este fundamento de la atención examinas dos cosas: el contenido de la mente activa y el espacio desde donde surge este contenido, el sustrato de la consciencia, que veremos más adelante.

El principio budista por excelencia es que sufres y padeces como resultado de la ignorancia y los engaños, pero éstos pueden ser eliminados de tu continuo mental. Hay numerosas razones que lo avalan. Buda lo denominó la segunda noble verdad: el sufrimiento tiene causas. Dichas causas se pueden identificar y desenraizar. Por ello, los engaños y demás no forman parte de dicho sustrato; están allí en forma de virus, pero no son innatos en la mente.

Sin atención, estas emociones aflictivas te empujan como una fuerte ola y hacen de ti lo que quieren. Una imagen de un famoso texto mahayana lo deja claro.

> Igual que un gato con un ratoncito: lo mueve de
> un lado a otro, el ratoncito indefenso y sin poder
> escapar, hasta que de un último zarpazo lo elimina.

Observa los diversos estados mentales que surgen y se desvanecen –avaricia, apego, deseo, ira, distracción, mente concentrada, mente adormecida o constreñida como dice el sutra, mente que recuerda, la que proyecta…– Trata de notar el modo en que el continuo mental se ve afectado por estados negativos como el apego, la ira, etc, o por positivos como la estabilidad, el amor, la concentración, la comprensión de las tres características básicas... Presta atención a lo que sea que acontezca en tu interior, conténtate sólo con detectarlo. Sé consciente del pensamiento o concepto que aparece, se mantiene, te impulsa a reaccionar y se desvanece.

Este surgimiento y desvanecimiento de aspectos mentales es constante y cuanto más te percatas de ello más comprendes su volatilidad. Entender este proceso te proporciona una experiencia profunda del aspecto transitorio de tu mente. Si llegas ahí, concéntrate en esta transitoriedad.

En definitiva, cuanto más te concentres en la mente misma menos sólida te parecerá y verás que detrás de este proceso no hay una entidad que esté al control, sólo un fluido de instantes cognitivos cambiantes. Soltar y dejar ir hace surgir una chispa de liberación.

Buda habló de la existencia de una dimensión profunda de la consciencia:

> Monjes, esta mente es pura, pero está oscurecida
> debido a las impurezas temporales.

Es muy fácil confundir este nivel de mente pura con la Iluminación. En el tantrismo se habla mucho de ello porque se procura despertar en sus prácticas. Cuando te duermes, todas las apariencias de la realidad y los cinco sentidos se detienen, los factores que los mantienen activos dejan de funcionar durante unas horas. Todo se disuelve en el sustrato de la mente, en el *bhavanga*, el continuo mental sutil detrás de toda actividad –o *luz clara de la muerte*– y vuelve a emerger desde allí.

Los fenómenos mentales están condicionados por el cuerpo y su interrelación con el medio ambiente, es cierto, pero esto no es suficiente para producir un estado de consciencia. Toda actividad mental surge de esa consciencia profunda que apenas conocemos. Ese sustrato es previo o precede a la interacción mente-cerebro. Al morir, lo que queda se retira de nuevo hacia ese sustrato.

Se podría dividir la mente en dos reinos de experiencia: la mente activa –emociones aflictivas, estados mentales positivos, imaginación, pensamientos habituales, conceptos, recuerdos– y el sustrato o base, la parte invisible y desconocida. Igual piensas que es el objeto de fe de los budistas, pero no es así: es la experiencia meditativa de un gran número de elevados yoguis que han visto y vivido este sustrato a lo largo de los siglos. No es necesariamente beneficioso tener fe en ello, es mucho mejor adiestrarse en el camino que lleva a que lo experimentes porque estarías en contacto con tu verdadero ser, tu ser eterno.

Empieza con la atención a la respiración y, desde este estado de calma, indaga la naturaleza de ese fenómeno extraordinario llamado mente o *chita*. Encuentra a un maestro cualificado que te lo enseñe. Mientras tanto, observa atentamente lo que sea que ocurra en ella, no tanto en los sentidos físicos sino en la consciencia mental –pensamientos, imágenes, recuerdos, fantasías o deseos–. No entraña, de momento, aplicar medidas para oponerse a estados negativos, sino permanecer atentos y vigilantes, con una comprensión clara de lo que ocurre en ti y reconociendo cualquier estado mental que subyazca en el fluido de la mente o las reacciones a las sensaciones. Su observación contrarresta el impulso a reprimir o expresar. Observar atentamente la emoción particular vacía el combustible que tiene para hacerte reaccionar y también pierde su poder de influir en ti.

Buda dio una imagen para ayudarnos: observar nuestros estados mentales es como usar un espejo para ver tu reflejo. Al igual que el espejo refleja lo que sea que aparezca en él, mantén tu atención a los reflejos presentes en tu mente sin reaccionar ante ellos.

Observa lo que sea que ocurra en este dominio sin evaluar, sin juzgar. Observa cómo se desliza hacia el desvanecimiento. Es una primera etapa, similar a dejar la mente en su estado natural de la práctica del mahamudra en el budismo mahayana.

Si usas vipasana, observa la naturaleza de lo que ocurre cuando un deseo, recuerdo, impulso, agitación, inquietud, etc., están presentes en la mente. ¿Se altera la mente o está calmada?, ¿produce un sentido de "yo" o "mi", ¿son objetivamente tuyos?, ¿qué hay en ellos que se transformen en tuyos?, ¿no será que eres tú que te implicas con ellos?, ¿controlas alguno de ellos?, ¿qué ocurre si los sueltas?, ¿qué ocurre cuando dejas de identificarte con ellos?, ¿aparecen de repente o de uno en uno?, ¿vienen de arriba, de abajo, del lado?

Aprende a observar a dónde van y de dónde vienen, aprende a observarlos como nubes que aparecen en el espacio de tu mente. Si notas que un pensamiento se desvanece, observa el espacio donde lo hace y no tanto el proceso. En esta práctica los pensamientos no son obstáculo alguno.

Genera *voluntariamente* un recuerdo o pensamiento y detecta su aparición y su desvanecimiento; después mantén la atención en el lugar donde estaba dicho pensamiento. No te identifiques con lo que ocurre, simplemente obsérvalo. El único medio para explorar la naturaleza de la mente es la percepción mental. A diferencia de los sentidos físicos, la percepción mental se puede adiestrar y refinar enormemente.

A medida que observes el contenido de la mente te irás dando cuenta de que no es más que una serie de procesos distintos en base a una cadena de causas, sucesos mentales previos, estímulos externos y neurológicos. En realidad, tanto la mente como el cerebro están en estado de flujo. Ninguno de ellos es el objeto de un poseedor, de alguien sólido a cargo de este entramado de cuerpo y mente.

Así pues, observa lo que ocurre en la mente y, gradualmente, enfócate en ese sustrato que es previo a cualquier tipo de actividad mental. Cuando tenga lugar alguna actividad mental, observa dónde está teniendo lugar: ¿se ubica en alguna parte? No te enfoques en lo que ocurre sino en dónde ocurre, no te enfoques en los actores sino en el escenario. Los pensamientos surgen y los ves como ayuda para la práctica porque te ayudan a identificar, una vez más, el dominio en el que tiene lugar la representación teatral.

Una cita de las escrituras señala:

> Para alguien que ha subyugado su mente hay felicidad;
> para quien no ha subyugado la mente no hay felicidad.

Atención al dharma: los fenómenos

> Y cómo, bhikkhus, ha de morar un bhikkhu al contemplar el Dhamma en los dhammas.
>
> Así, bhikkhus, un bhikkhu mora en el Dhamma en los dhammas de los cinco obstáculos. Y cómo, bhikkhus, ha de morar un bhikkhu al contemplar el Dhamma en los dhammas.
>
> Así, bhikkhus, cuando el deseo sensorial está presente en él, el bhikkhu sabe: "Hay deseo sensorial en mí"; o cuando el deseo sensorial está ausente en él, él sabe: "No hay deseo sensorial en mí". También sabe la razón por la que ocurre el surgimiento del deseo sensorial que no ha surgido; también sabe la razón por la que ocurre el abandonar el deseo sensorial que ha surgido; también sabe la razón por la que ocurre el no surgimiento del abandono futuro del deseo sensorial…

El fundamento de la atención a los fenómenos clarifica los comportamientos que hay que abandonar y los que hay que adoptar en el sendero, lo cual desarrolla nuestra comprensión de los senderos verdaderos, la cuarta verdad.

Atención al dhamma no se refiere al Dhamma entendido como grupo de enseñanzas, sino al otro sentido que tiene esta palabra: *fenómenos*. Aquí se expande el alcance de la atención para inspeccionar el modo de existencia de las cosas, subjetivas y objetivas. El resultado de esta investigación es *prajña*, *conocimiento* o *sabiduría*, que cura la mente de sus tendencias, de sus aflicciones innatas e intelectuales.

En *Rosario de oro* (*Legs bshad gser phreng*), Tsongkhapa afirma que los fenómenos principales que hay que contemplar son los aspectos que se deben adoptar y que se deben abandonar en el sendero. Aquí, *dhamma* se refiere tanto a los fenómenos puros –estados mentales que se deben desarrollar– como a los impuros –las aflicciones que se han de abandonar–. Al reflexionar sobre estos factores mentales entras en la práctica de la cuarta noble verdad, el sendero verdadero.

Este fundamento tiene como objetivo primordial analizar, revisar, examinar, los cinco obstáculos y los siete factores del despertar, así como los cinco agregados de los que estás constituido, los seis poderes sensoriales y las Cuatro Nobles Verdades. En la práctica uno ha de ser consciente de lo que sea que se experimente con respecto a estos dharmas o fenómenos. Ser consciente de los obstáculos, distracción, ira, dudas; del agregado del cuerpo, de la sensación, del discernimiento, la fuerza de la atención y demás. Bhikku Analayo lo describe de este modo:

> Al contemplar los dhammas podrías detectar una progresión hacia el logro espiritual completo. Al superar los cinco obstáculos a causa de un elevado grado de estabilidad mental, uno procede a analizar la identidad subjetiva examinando los cinco agregados, y la objetiva, con respecto a los seis poderes sensoriales. Estos dos componentes, samatha y vipasana, forman una base adecuada para desarrollar los factores del despertar, cuyo desarrollo es una condición necesaria para el despertar. Y despertar es comprender totalmente las Cuatro Nobles Verdades.

Aplicas la atención e identificas los factores mentales aflictivos, sus causas, características y resultados. Los factores mentales aflictivos perturban la mente, haciéndola poco clara e ingobernable, mientras que los factores mentales virtuosos afectan positivamente a la mente principal, haciéndola clara, manejable y calmada. Obsérvalos en tu propia experiencia cuando meditas y en tu vida diaria.

Los factores mentales aflictivos o *kleshas* carecen de una base válida y por lo tanto pueden ser desenraizados por la sabiduría. Sin embargo, los factores mentales positivos tienen de apoyo la fuerza del razonamiento, en consecuencia, pueden erradicar los factores aflictivos, además de crecer en fuerza exponencialmente.

La atención a los fenómenos te conduce al sendero verdadero, cuya esencia es la comprensión experiencial de *anatman*, la ausencia de identidad personal sólida. El yo no es el cuerpo, las sensaciones o la mente.

Y ahora, al examinar los demás fenómenos, especialmente los factores mentales, sigues sin poder identificar en ninguna de estas partes un yo que exista de modo sólido, que controle, o que tenga una existencia inherente o esencial y puedes concluir con toda certeza que es vacío de existencia inherente. Pero que el yo sea vacío no significa que sea inexistente: al contrario, puesto que carece de existencia independiente, debe existir en dependencia de sus causas, partes y de ser meramente designado por la mente. Este yo designado y convencional es la persona que gira en el samsara y llega al Nirvana. En resumen, no es contradictorio afirmar que el yo sea vacío de existencia independiente y que, a la vez, exista al ser meramente designado en dependencia de los agregados. Este logro es el sendero verdadero, que produce la cesación verdadera.

El sutra de arriba prescribe los cinco grupos de fenómenos que examina el fundamento de la atención a los fenómenos, pero esto no significa que esta práctica consista en contemplar categorías de artículos: más bien, se usan estas listas para elucidar y hacer inteligible tu experiencia. Son mapas o guías que te conducen a través de la complejidad de tus experiencias para alcanzar la Liberación.

La secuencia de los cinco grupos es un mapa en sí misma. La atención a los cinco obstáculos suele presentarse primero porque ellos son el mayor impedimento para el desarrollo de la mente, específicamente para desarrollar samatha y la visión superior o vipasana. Superarlos es un primer paso que te capacita para explorar tus experiencias utilizando el marco de los cinco agregados y las doce fuentes. A medida que se desarrolla la visión superior, se hacen más prominentes los siete factores que dirigen a la Iluminación y, conforme maduran, se hace clara y fuerte la comprensión penetrante de las Cuatro Nobles Verdades. Todo esto tiene como resultado la comprensión de la verdad última y el Nirvana.

La mayoría de las prácticas de los *Cuatro Fundamentos de la Atención* están relacionadas con la meditación analítica, ya sea como prácticas preparatorias o como meditaciones de vipasana o visión superior. Aunque la atención al cuerpo, las sensaciones y la mente se utilizan para generar vipasana, también son útiles como preliminares para la atención a los fenómenos, porque es más fácil el desarrollo de la atención y la concentración en estos tres y se establece el escenario para el análisis que se hace durante la atención a los fenómenos. La práctica de vipasana se vuelve crucial en la atención a los fenómenos. Algunos de los objetos mencionados aparecerán en los capítulos siguientes.

Sé consciente también de los siete factores de la Iluminación –atención, investigación, esfuerzo, alegría, tranquilidad, concentración y ecuanimidad–. A lo largo de tus primeros pinitos en la meditación empiezas a desarrollarlos. Llegas a un punto en que la *atención*, *mindfulness*, se vuelve más profunda y fuerte y sabes que está fuertemente establecida en tu interior, momento en que se vuelve un factor de la Iluminación.

A lo largo de la práctica has estado discerniendo entre fenómenos positivos y negativos, analizando sus características para ver su naturaleza; has ido desarrollando el hábito de la investigación con la vigilancia, el discernimiento y la *comprensión clara* (*sampajaña*). Tu atención actúa como una linterna que ilumina objetos oscuros y la comprensión clara de ellos dirige a sabiduría o vipasana, a comprender la naturaleza de las cosas.

A medida que tu atención y *análisis* se hacen más profundos te revelan la verdad, y tu mente se llena de *energía, esfuerzo.* Hasta ese momento el esfuerzo se enfocaba en no despertar estados negativos y desarrollar los positivos, ahora se transforma en factor de Iluminación.

Al aplicar la fuerza in crescendo de tu atención, análisis y esfuerzo, sigues investigando los objetos de los que eres consciente y cuanto más te esfuerzas en ver la verdad más despiertas *alegría.* La alegría especial que surge de estar en armonía con la realidad. Esa alegría se vuelve factor de la Iluminación. Y si hay alegría crece una *tranquilidad interior* especial, un relax muy profundo surge en la mente. Hasta este punto la mente era como una bandera en el mástil empujada por los vientos de la distracción, ahora aparece la calma porque *la concentración* se refina y se vuelve estable como una montaña. Los siete factores están presentes y la *ecuanimidad* los refuerza porque entiendes todo lo que ocurre en tu interior sin que te altere. La superficie puede estar llena de olas, pero las aguas del fondo están quietas y así lo experimentas.

Procura llegar a un estado de calma y tranquilidad a la vez que de atención y vigilancia, y regresa a la respiración habitual. Puedes contar hasta diez si así lo deseas. Mantén la atención a la respiración como objeto principal y luego nota los distintos objetos que van apareciendo. No busques nada especial, ni trates de hacer que algo especial ocurra, sino simplemente notar con atención lo que está ocurriendo en el presente. Irse hacia el futuro o revolcarse en el pasado crea inquietud y te aleja del presente.

Dirige la atención a las sensaciones de tu cuerpo desde las plantas de los pies pasando por las pantorrillas y todas las partes hasta la coronilla. Procura ser como una especie de testigo que observa recuerdos, fantasías, especulaciones y demás sin que te alteren.

Si las sensaciones corporales se vuelven predominantes, enfoca tu atención en la sensación misma y observa su cualidad: si es desagradable, si es fría, caliente, tensa, si produce cosquillas, si crece o disminuye. Nota cualquier reacción en la mente ante las diferentes sensaciones.

Si aparecen pensamientos, sé consciente. En ocasiones eres consciente de ellos cuando salen, a veces después de que hayan salido y otras veces no eres consciente en absoluto; si se trata de imágenes mentales, reconócelas, y lo mismo cuando diferentes estados mentales aparecen: distracción, duda, pereza, ira. Conviértelos en tu objeto de atención.

Procura ser consciente de un factor muy importante que abre la puerta a una comprensión más profunda: las *intenciones*. La intención es el impulso que nos lleva a hacer algo con el cuerpo y la palabra.

El cuerpo por sí mismo no se mueve, su movimiento es resultado de cierto impulso o volición. La intención es sutil, no es tangible como un pensamiento. Ser consciente de las intenciones te revela la relación de causa, y efecto entre cuerpo y mente, lo cual desemboca en una comprensión profunda de la ley fundamental que rige tu vida: la ley del karma.

Una intención es la causa, y el movimiento del cuerpo es el efecto. La sensación es la causa y la reacción de los tres engaños es el efecto. Notar las intenciones te ayuda a entender la naturaleza carente de esencia del yo como gobernador del complejo cuerpo y mente, simplemente las intenciones surgen y se desvanecen, no pertenecen a nadie y experimentas un profundo nivel de ausencia de hacedor, de ausencia de comandante a cargo.

Seguidamente lleva tu atención a los dharmas, fenómenos físicos y mentales. Abre ligeramente los ojos, observa las formas y colores de lo que está en tu campo visual, sólo mantén tu presencia en lo visto. Cierra tus ojos y escucha sólo sonido. ¿Puedes detectar olor alguno?

El desafío es estar en ese modo de presencia, testigo, sin juzgar, sin atracción o aversión, mera receptividad, fluida, cambiante. ¿Notas algún sabor en tu boca? Observa también el quinto reino de la experiencia sensorial: la del cuerpo, del tacto. Usa el cuerpo y nota la sensación del tacto en contacto con tu ropa; observa, sin reaccionar, sin juzgar "es mío", "es tuyo", "me gusta", "no me gusta". Por último, observa el dominio de los fenómenos mentales donde experimentas imágenes, sensaciones, emociones, recuerdos…

Puedes estar sentado absorto en la respiración y, de repente, aparece la duda, o la distracción: transforma esos obstáculos en tu objeto de atención, obsérvalos surgir y desvanecerse. Si es necesario, aplica su antídoto. Reconoce todo como ejemplo de transitoriedad, malestar y ausencia de una entidad sólida. Regresa al aliento.

No es necesario forzar ningún pensamiento, salen por sí solos. En realidad, no sólo sentado sino a lo largo del día puedes ser consciente de cualquier actividad mental y, si lo haces, te irás acostumbrando al hecho de que surgen más actividades mentales neutras o negativas que positivas; tu atención se vuelve más clara y empiezas ver que todo lo que experimentas encaja en las Cuatro Nobles Verdades.

El propósito de incidir en los *Cuatro Fundamentos de la Atención* es eliminar el modo en que colisionas con la realidad y la malinterpretas. Los volvemos a recordar.

1) *No ver la transitoriedad* es un modo de colisionar con la realidad. Todo lo que surge en el campo de tu experiencia, sea objetivo o subjetivo, es fluido, cambio constante. Si te ocurre algo bonito –un romance, una situación anhelada…– tienes la impresión de que ese "subidón" producido por la atracción

va a durar siempre y para sentirte seguro proyectas la imagen de solidez y permanencia. La mente conceptual trata de solidificar y congelar. No entiendes que, bajo la influencia de ese concepto, tu percepción de aquello con lo que te relacionas queda distorsionada y, así, entras en conflicto con la realidad. Esta es la esencia de la segunda noble verdad: el origen de duhkha.

2) *Aferrarse a lo que no es la fuente real del bienestar y felicidad* es un segundo modo de colisionar con la realidad. Por supuesto que experimentas felicidad, pero ese placer suele ser breve y, en muchas ocasiones, se transforma en malestar. Aferrarse a algo que no puede producir bienestar y considerar que lo debe producir es una gran fuente de decepción. Y también hay muchas otras cosas que te producen malestar. Reflexiona profundamente en lo siguiente porque es un ejercicio de vipasana: *todo lo que produce bienestar se puede transformar en malestar, pero lo que produce malestar no se puede transformar en bienestar.*

3) Aferrarse a aquello que no es el yo como si lo fuese es otro modo de colisionar con la realidad. Es el más profundo. Investiga la naturaleza de tu ser porque, desgraciadamente, la ignorancia que subyace detrás de todo malestar y de las aflicciones mentales es este tipo de aferramiento. Este aferramiento no es sólo un tipo de ignorancia que desconoce cosas, sino uno que, también, *malinterpreta y distorsiona tu experiencia del mundo.* El antídoto a este error tan profundo no es la atención y la calma, sino identificar con precisión de qué modo confundes la realidad, de qué modo le *impones* cualidades de las que carece.

Desde hace ya unos años, cuando entro en la ducha, claro está, lo hago sin mis gafas y, en esos momentos, no veo con mucha claridad. Allí estoy, desnudo y empapado de agua y jabón. Cuando llega el momento del champú para lavarme el pelo dirijo la mirada al lugar donde está y lo único que veo son tres envases del mismo color y marca. Confuso me pregunto, ¿cuál de ellos será el champú? Termino el tema echando mano a uno de ellos convencido de que acabo de coger el champú… pero al ponérmelo veo que no produce espuma: era leche corporal o crema hidratante.

Este es un ejemplo de la ignorancia de la que hablan las escrituras: *crees saber cuándo no sabes*. Y por su culpa te confundes, te equivocas, y la pifias. Estás convencido de que el recipiente *es* de champú cuando no lo es; por supuesto que hay un recipiente, pero no es de champú. Es cierto que hay un yo, un sentido de identidad personal e intransferible, pero no es sólido ni estático como crees.

Te aferras a tu sentido de identidad como si se tratase de un yo o una identidad autónoma, sólida y estática, y también como una que existe aparte del entramado cuerpo y mente y que los posee o controla de algún modo. La finalidad de esta proyección es proporcionarte una sensación de seguridad, de que tú y el mundo existís de modo sólido y autónomo, cuando en realidad estás alimentando la causa ultima de tu duhkha, la causa última de samsara y de toda la infelicidad que has experimentado, y seguirás experimentando.

Los cinco obstáculos de la meditación

> Si el deseo sensorial está presente en él, él sabe "hay deseo sensorial en mi"; si el deseo sensorial no está presente en él, él sabe "no hay deseo sensorial en mi"; y él sabe cómo el deseo sensorial que no ha surgido puede surgir, cómo el deseo sensorial puede ser eliminado, y cómo el futuro surgimiento de un deseo sensorial eliminado puede ser impedido…

Lo mismo que explica con el deseo sensorial, se aplica al resto de obstáculos: la aversión o malicia, el letargo y espesor, la inquietud y la preocupación, y la duda negativa.

Uno de los objetos más importantes del fundamento de la atención a los dharmas es conocer primero y observar después los cinco obstáculos de la meditación y saber aplicar sus antídotos. En pali, obstáculo es *nivarana.* Se denominan así porque obstaculizan el logro de samatha y de los siete factores de la Iluminación, a la vez que demuestran el insano desequilibrio del que somos víctimas. Buda dijo que aquellos que conquistan su propia mente son más valientes que aquellos que derrotan a mil hombres, mil veces, en una batalla.

Cuando examinas la mente te vas a encontrar en un momento u otro con estos cinco obstáculos y sus derivados. Todos ellos nos crean problemas. Cuando los detectes considéralos una oportunidad. Te has de preguntar: "¿Es posible encontrar un medio hábil para trabajar de modo constructivo con estas fuerzas?".

Místicos de todas las épocas han hablado con términos diferentes acerca de los obstáculos, describiéndolos en ocasiones como "demonios" que aparecen en aquellos que meditan en lugares apartados. En la tradición budista se llaman *maras.*

Al principio Mara puede manifestarse como fantasía,

tentación y deseo. Es lo que te hace decir: "En lugar de meditar sería mejor irme a pasear", "Vaya, ahora me estaré perdiendo mi serie preferida". Si aun así no desistes de la meditación, también podría aparecer bajo el aspecto de la aversión o en forma de dudas y, si no es suficiente, podría aparecer de una manera más retorcida: "Oh, por fin, ¿no ves lo bien que trato con las tentaciones? No han podido conmigo" Es el orgullo. En cualquier caso, te apartan de tu cometido: mejorar tu atención, concentración y sabiduría. El primer paso para combatirlas es identificarlas.

Deseo-apego. Lo que vemos, escuchamos, olemos, saboreamos y tocamos; sensaciones corporales y objetos mentales. En realidad, el "deseo" por estas cosas no es negativo. Es agradable experimentarlas… el problema es que te engañan y te hacen caer en la mentalidad del sí condicional: "Si pudiera tener esto", "si tuviera este trabajo, este coche o el nuevo smartphone sería feliz". Detecta el anhelo, el apego, el ansia. Los pensamientos positivos y los negativos no pueden coexistir y si uno presta atención a los negativos se desvanecen porque ser conscientes de ellos los desarma. Reaparecen continuamente y uno ha de prestarles atención también continuamente. Uno ha de estar atento a su presencia y a su ausencia.

Nuestra sociedad es experta en perpetuar la noria del samsara. Sólo mira la publicidad de la tele y sus promesas: piensas que no te influye, pero estamos condicionados por ella. No hay problema en experimentar los muchos placeres que te proporciona la vida… siempre y cuando sepas que nunca van a saciar tu sed ni van a proporcionarte el bienestar duradero que anhelas. *Tu relación con ellos debe llegar a ser como la de un león con un montón de hierba.*

La energía del deseo te obliga a buscar sin cesar aquello que consideras definitivo. Esa mente ansiosa, de anhelo, es, en sí, dolorosa, porque es un hábito que se perpetúa y que te impide estar en paz donde estás: siempre buscas algo más en otro lugar. El fondo de la cuestión es que *nunca estás satisfecho.* La sociedad de consumo desaforado vive de esta fuerza. Pero no te confundas, "consumir" no es el problema; de hecho, es necesario para la economía y para tener una satisfacción razonable. El "desaforado" es el problema.

El Dhammasangani, un texto theravada del *Abhidharma,* denomina a ese deseo-apego de diferentes maneras para ayudarte a comprenderlo. Lo compara a una *enredadera*, ya que estrangula a su víctima como la enredadera se enrosca en el árbol. Es como *un océano* porque es inagotable e infinito. Es *esclavitud* porque te ata al ciclo de insatisfacción. Es un estado *depravado* en el sentido de que corrompe tu mente convenciéndola de que, obtener lo que sea a lo que te apegues, resultará en tu felicidad. El apego se engancha a su objeto como *el pegamento* que caza a los simios. Se trata de una cola de fuerte olor que usan los cazadores. Cuando el simio se acerca queda pegado de modo que, cuanto más quiere moverse, más atrapado queda. Ha confundido con su olfato el sabor de la cola.

Es bueno ver que surge en ti a causa de malinterpretar lo que es transitorio como si fuese permanente, lo que no produce felicidad como si la produjera y lo que carece de identidad como si la tuviera.

La aversión. El apego puede ser un factor seductivo y fácilmente te puede engañar cuando consigues lo que deseas, estás convencido de que actúa a tu favor. En el caso de la ira, el enfado, la aversión..., se puede constatar al instante que es negativo porque cuando aparece te hace sentir mal. Te puedes alterar con alguien que te resulta desagradable –esté o no presente–, con cosas que sucedieron hace tiempo o incluso con cosas que aún no han ocurrido. Cuando este factor negativo se apodera de la mente, ésta se tiñe y todo lo que te rodea lo ves de color rojizo. Crees que la ira o aversión viene por culpa de cosas externas a ti; no obstante, la causa principal está en tu interior.

El *Sendero de Purificación*, de Budagosha, señala que la ira es agresiva como una *serpiente acorralada* y que se *esparce* como un *veneno* por tu mente. Tiene muchos grados, desde el enfado simple hasta el deseo de suicidarse o matar a alguien y todos ellos crean karma negativo. Esta aflicción es lo que está detrás de las palabras duras, las mentiras, los insultos, la calumnia. Altera tu mente y el medio ambiente. Una pareja que no gestiona su propia ira fácilmente termina en separación. Después de todo, ¿quién va a querer vivir con alguien al que ves tan desagradable? La aversión siempre "exagera" el aspecto desagradable de su objeto.

La mente que siempre juzga, critica y el aburrimiento son manifestaciones de la aversión porque están basados en el desagrado de algún aspecto de la experiencia presente. ¿Cómo puedes explorar el momento presente, si la mente está llena de desagrado o de apego? Ambos nos apartan del momento presente. Mientras la aversión no desaparezca siempre habrá motivos para generarla.

Buda comparaba a alguien que se enfada fácilmente con una herida abierta porque cualquier cosa, por nimia que sea, le puede hacer daño.

Letargo y espesor. Incluye la pereza, la carencia de vitalidad, el adormecimiento, tristeza, no darse cuenta del potencial que uno tiene. La claridad y el estar despierto se desvanecen cuando estos obstáculos aparecen en la mente. Es como si el cielo claro se llenara de espesas nubes. Un meditador sabe lo que es y lo considera un gran obstáculo. Los dos incapacitan a la mente: el primero es más físico y el segundo mental. El esfuerzo o entusiasmo los supera.

Comer demasiado produce este espesor y letargo, comer

menos ayuda. Cambiar de postura, imaginar luz brillante, reflexionar en las enseñanzas, lavarse la cara con agua fría y pasear al aire libre pueden contrarrestarlo.

Inquietud y preocupación, remordimiento es otra categoría de obstáculos. En algunas ocasiones el cuerpo está tenso debido a la inquietud; en otras es la mente la que salta de un lado a otro: saltamos de objeto a objeto, lo cual impide sentarse tranquilos, ya que la concentración se fragmenta. En ambos casos resulta difícil estar en el objeto de meditación. Inquietud es intranquilidad, remordimiento es sentir pesar por algo negativo que has hecho o algo virtuoso que no has hecho. Pensar que estos dos obstáculos son inofensivos no es hábil, hay muchas razones por las que pueden aparecer y no debes descuidarlas. Sé consciente si aparecen en tu meditación, obsérvalos y si desaparecen sé consciente también de su ausencia.

La duda es difícil de tratar porque si caemos presa de ella nuestra práctica se detiene. Tiene la capacidad de paralizarte. Puedes dudar de tu propia capacidad, del Dharma, del maestro, del Nirvana... Ya sabes: "Ah, mejor me voy a una escuela que sea más teórica". Cuando llegues a la escuela teórica, la duda saldrá y dirás: "No, mi sitio es donde se haga algo más de práctica". Si hay duda nunca meditarás. De nuevo, si aparece sé consciente de la mente que duda y si desaparece sé consciente de su ausencia. Para poder eliminarla es preciso tener un buen maestro y escucharlo durante años para que te proporcione un conocimiento del Dharma profundo.

Nos puede ayudar la imagen de un recipiente lleno de agua clara que se usa como espejo para ver tu rostro en él. El efecto del *deseo-apego* es que el agua clara se tiñe de colores diversos. *La ira* es como agua hirviendo. *El espesor y el letargo* es como una espesa capa de algas que crece en la superficie del agua. *La inquietud y preocupación* es como un fuerte aire que sopla en la superficie y crea olas. Y *la duda* es como el barro del fondo que sube a la superficie. En cualquier caso, el rostro no se reflejará bien.

Los sutras hablan también de la ausencia de los cinco obstáculos con analogías. La ausencia de deseos sensoriales es como verse aliviado de una *deuda*; estar libre de aversión es como recuperarse de una *enfermedad*; la ausencia de letargo y espesor es como verse liberado de una *prisión*; la ausencia de inquietud y preocupación es como liberarse de la *esclavitud*, y la ausencia de duda es como encontrar el camino después de estar *perdido* en un *gran desierto*. Como dijo Buda:

> Mientras estos cinco obstáculos no sean abandonados uno será como alguien endeudado, enfermo, encadenado, esclavizado, y perdido en un desierto. *Sutta Samaññaphala.*

¿Qué has de hacer cuando cualquiera de ellos aparece? Reprimirlos no funciona y expresarlos tampoco. Son dos extremos. Un primer paso es *reconocer* que padeces de este engaño en particular, ser consciente de sus características. Observa cómo te incomodan, cómo te esclavizan.

Cuando los obstáculos son intensos, otro modo de trabajar con ellos es cultivar su oponente. Y cuando la práctica es muy poderosa, simplemente los sueltas tan pronto como surgen. Y luego regresas a la respiración.

Otro modo es pensar en la muerte y en duhkha.

El *apego* y la *aversión* son aliviados mediante el factor del enfoque unipuntualizado de la mente y del bienestar interno que produce. *El letargo y espesor* vienen del cansancio físico y mental. También ocurre si no sabes equilibrar la concentración y la energía que empleas para estar concentrado. Lo has de transformar en objeto de tu atención, ver su textura y cómo te afecta, y si viene de ejercer demasiado esfuerzo, aflojar este último. Si estás muy cansado, trata de refrescar la mente con pensamientos positivos, como la posibilidad de llegar al Nirvana, meditar en el perfecto renacimiento humano...

La inquietud y el remordimiento. Pensar que has fracasado cuando aparecen no es hábil. Experimenta ese estado mental inquieto y distraído: es un estado mental transitorio, ¿verdad? La inquietud es una mezcla de pensamientos, sensaciones..., y al ser compuesto es perecedero. No es necesario resistirse: explóralo y obsérvalo. Tómatelo con sentido del humor. Pasará.

La duda está asociada con sentimientos de resistencia a la meditación. También aprendes a ver que es un estado pasajero y los estados insatisfactorios en los que te deja cuando te ves atrapado por ella. Un problema de la duda es que te vuelve incapaz de concentrarte en nada. Los tibetanos señalan que la duda es como pretender coser con una aguja de dos puntas. El opuesto de la duda es la fe inteligente y para desarrollar ésta es bueno tener una comprensión intelectual lo más precisa posible de lo que hacemos, del propósito a corto, medio y largo plazo de la meditación.

Cuando abandonas estos obstáculos, aunque sea temporalmente, tu atención y concentración se desarrollan y así puedes penetrar en la naturaleza de tu cuerpo y mente.

Los cinco agregados

Otro objeto de consideración en el fundamento de la atención al dharma es analizar la naturaleza de los cinco agregados. Los cinco agregados de los que estamos compuestos son transitorios, no son de fiar, son inestables y como algo que te han prestado. Por su naturaleza todos ellos están sujetos a la destrucción, como la arena en la orilla del mar. Una cita del Buda dice así:

> Estos son meramente nombres, expresiones de la
> palabra, designaciones comunes de la palabra.
> El que ha visto la Verdad los usa, pero no se ve
> arrastrado por ellos.
> Del mismo modo en que cuando las partes se unen
> surge la palabra *carro*,
> Del mismo modo [surge] la noción del yo, la persona,
> Cuando los agregados están presentes.

El nombre cristaliza, da sentido a la realidad, pero si lo solidificas te confunde con respecto a su naturaleza. El término *agregado* significa *cúmulo*, *colección* o *grupo*. Por ejemplo, el agregado de la *forma* es una acumulación de cosas que están compuestas de materia. La definición de la *forma* en los textos filosóficos es *aquello que resulta adecuado para ser llamado forma*. El agregado de la *sensación* no es una sola cosa, sino una colección de los distintos matices de las sensaciones agradables, dolorosas y neutras. Existen cincuenta y un factores mentales que es importante entender para alcanzar la Liberación. Aparte de la sensación y el *discernimiento*, que se presentan como agregados independientes, los cuarenta y nueve factores mentales restantes están incluidos en el cuarto conjunto o agregado, el de los *factores composicionales*. La impermanencia, el nacimiento, el envejecimiento y las semillas kármicas son ejemplos de compuestos abstractos, que también se incluyen en el cuarto agregado. En resumen, el cuarto agregado incluye todo aquello que es impermanente, que forma parte de la base de designación de una persona y que no se incluye en los otros cuatro agregados. La *consciencia* es el quinto agregado y se refiere a las seis consciencias, que constan de muchas partes y divisiones.

Todas las dificultades que experimentamos en la vida tienen una base, que son los cinco agregados a los que uno se aferra. Se dice *se aferra* porque al malinterpretar su naturaleza te causan duhkha en el presente y en el futuro. Todas las escuelas budistas tienen alguna manera de referirse a la persona con respecto a los cinco agregados. A menudo se dice que los agregados son la base de la designación y la persona es aquello que se designa. Conviene revisar profundamente los cinco agregados porque desempeñan un papel vital en nuestra existencia. Uno observa sus propios agregados y los investiga y analiza.

Agregado del cuerpo o de la forma

Forma (materia) y *agregado de la forma* generalmente son sinónimos. Cuando se habla de los cinco agregados que son la base de la designación de la persona, el agregado de la forma se refiere al cuerpo físico y todo lo que perciben los cinco sentidos. Es el primero que se presenta por ser el más burdo y fácil de detectar de los cinco. Todos sabemos que nos proporciona grados de placer, al disfrutar de los objetos de los sentidos, pero también nos puede dar problemas. Piensa tan sólo en el potencial que tiene de hacerte sufrir. Quizá tengas un familiar enfermo, o alguien que ha padecido un accidente, etc. También produce malestar mental porque, en muchas ocasiones, no te gusta tu aspecto físico. Si eres alto piensas, o has pensado en algún momento de la vida, que preferirías ser más bajo, si eres delgado piensas que lo eres demasiado. Es un problema universal. Hoy en día hay personas que se miran en el espejo, no les gusta lo que ven y alteran de modo extremo su dieta o se hacen daño en busca de una mejor apariencia. El cuerpo nunca es del todo satisfactorio.

Buda dijo que el discípulo no adiestrado tiene clavadas dos flechas que causan dolor; mientras que el adiestrado sólo tiene una. Buda enfermaba, pero seguía enseñando y la enfermedad no se lo impedía en absoluto. Al final de su vida tuvo una fuerte disentería, entró en absorción meditativa y pasó al más allá. Cuando tienes un percance, aparece el *malestar que produce el cuerpo* y, además, *la reacción*, lo cual puede producir incluso más dolor que su causa.

El cuerpo es un *fenómeno cambiante*. Si estudiases anatomía lo sabrías, pero seguramente no te cambiaría en absoluto. El cambio constante del mismo tipo te da la impresión de que hay algo de solidez y firmeza en el cuerpo, pero es sólo una ficción. Y el hecho de que sea cambiante hace que su naturaleza sea duhkha. Aunque duermas en el mejor de los colchones, a lo largo de la noche, tu cuerpo se mueve de un lado para otro.

El cambio y el movimiento crean fricción, es necesario para vivir, pero te acerca a la descomposición: el corazón se desgasta, las arterias no permiten que la sangre fluya como es debido y esto afecta al funcionamiento del resto de órganos… lo cual produce la enfermedad y la muerte.

Buda dijo que nacer desemboca en la muerte y esto es una prueba. Si no te das cuenta de la naturaleza del cuerpo, te apartas del sendero a la inmortalidad de la Liberación. Al menos sería bueno liberarse del apego a la naturaleza falsa del cuerpo.

Decimos "Mi cuerpo", pero piénsalo, si fuese tu cuerpo, si lo poseyeras, debería hacer todo lo que le pides. ¿Quién quiere enfermar, envejecer, morir…? Esto demuestra que tus deseos van por un lado y él va por otro: ¿es realmente tuyo? Decimos

"Es mi cuerpo", pero es muy poco lo que puedes hacer para que siga tus dictados: si está cansado, no puedes hacer nada más que estirarte en la cama; si tiene sed, le has de dar de beber. En realidad, no eres su amo. Reconoce que tienes una espesa confusión con respecto al yo que crees ser.

La atención a las características del cuerpo te ayuda a ver que *cuerpo* no es nada más que un conglomerado de millones de partes que fluyen de una manera particular. Y a corto, medio, plazo dejan de funcionar; si no fuese así, nunca tendrías enfermedades.

La sensación

Los cuatro agregados restantes son mentales, es decir, inmateriales. Ya sabes que *sensación* no significa *emoción* o *sentimiento*, sino la cualidad agradable, dolorosa o neutra de aquello que experimentas física o mentalmente.

La sensación en vipasana juega un papel importante. Es parte de tu fantasía creer que hay alguien que está a cargo de las sensaciones: "Es mi sensación", "Me siento bien", "Me siento mal" ... Si las sensaciones son realmente "tuyas", ¿por qué estás mal a veces?, ¿posees tus sensaciones?, ¿sabes lo que vas a sentir dentro de un rato?, ¿por qué no puedes sentirte bien en todo momento?, ¿quién está a cargo de tus sensaciones?

La fantasía fundamental que te conduce al ciclo de malestar es creer y vivir con la idea de que el cuerpo y la sensación están bajo el dominio de tu yo más íntimo. La verdad es que no controlas nada. Lo que ocurre en el cuerpo y las sensaciones, simplemente ocurre. Y no viene de tu albedrío. Este es otro tema profundo con una capacidad transformadora insospechable.

Creer que estamos al control de todo refuerza y mantiene la ilusión de un yo sustancial que está al mando. El vacío del yo es el vacío de ese yo controlador, pero esto no significa que no tengas un yo. "Que controla" es el problema porque ese yo es falso y crees que eres algo que no existe en realidad. Cuando

Buda decía que samsara es falta de libertad se refería a este proceso.

Cuando hay una sensación desagradable de tristeza, frustración y aburrimiento, reaccionas en lugar de saber que ha surgido y pasará, como ocurre con todas las sensaciones.

La sensación te condiciona a *desear perpetuar* la experiencia agradable, a *rechazar* la desagradable y a la *indiferencia* con lo que no es ni lo uno ni lo otro. De este modo, te apegas a las personas que proporcionan sensaciones agradables, rechazas las que proporcionan sensaciones desagradables y sientes indiferencia con las que producen sensaciones neutras. Es una de las causas de dukkha. Y además demuestra el tipo de esclavitud en el que estás sumido: no sabes por qué o de qué modo surgen las sensaciones ni tampoco reaccionas adecuadamente ante ellas.

Es posible ejercitarse en observarlas con equilibrio, sin manifestar apego, ira e ignorancia. Las sensaciones físicas son más fáciles de identificar: dolor en la pierna, la espalda, etc. Estar atento te ayuda a estar más anclado en el presente, a detectar cuando te vas hacia el pasado o el futuro. Vas creando la tendencia a estar más aquí y ahora. La atención conduce al sosiego. Aprendemos a experimentar lo que sea que nos ocurra sin responder de la manera en la que estamos condicionados.

El progreso en la meditación no depende de las experiencias agradables que tengas, sino de estar abierto y aceptar lo que sea que ocurra con atención y comprensión.

Discernimiento

El agregado del discernimiento es el factor mental que discierne o identifica los objetos y sus atributos. El discernimiento es el factor que nos dice lo que son las cosas: "blanco", "negro", "alto", "bajo", "me gustas", "me desagradas"…. La consciencia visual, por ejemplo, ve esa cosa redonda, blanca por delante y detrás y, debido a que la has visto muchas veces y tu mamá te enseñó a decir "reloj", sabes que es un reloj. Imagina un bebé: seguramente lo usará para dar golpes en la mesa, aún no sabe que es un reloj, aunque tiene el potencial para saberlo: lo único que ve es una esfera y un color particular. Nada más. Hará con él aquello con lo que esté más familiarizado.

La consciencia visual sólo ve una forma y color particular, nada más. La sexta consciencia, la mental, es la que ha almacenado ideas, palabras dichas por mamá, la sociedad, la escuela, etc., y después darás coherencia conceptualmente a lo que ves. Los ojos no saben qué es un reloj: es la consciencia mental, el factor mental del discernimiento, quien lo sabe. Ser consciente de esta realidad del discernimiento te ayuda a entender que las cosas existen *de modo dependiente.*

Aunque la sensación y el discernimiento son en sí mismos factores mentales, Buda los separaba de los demás factores mentales con el fin de mostrar su importancia. Las sensaciones son importantes por el papel que desempeñan en la generación de aflicciones. Por tanto, a través de las sensaciones surgen fácilmente los tres venenos. El discernimiento se considera un agregado independiente, ya que realiza la importante función de identificar los objetos y sus atributos. El discernimiento constituye la base de cualquier punto de vista aflictivo o de cualquier sabiduría analítica.

Formaciones mentales o composicionales

El agregado de los factores composicionales o *sankharas* consta de una variedad de factores mentales que trabajan conjuntamente. Las emociones, las actitudes y los puntos de vista forman parte de este agregado, así como los compuestos abstractos –fenómenos impermanentes que no son ni materia ni consciencia, como las semillas o las tendencias kármicas–

que están relacionados con un individuo.

Estos factores son los que crean karma porque aquí se encuentra la intención. Ves un reloj y te dices: "Quiero uno mejor, quiero uno cuadrado". Esto crea karma. Si piensas "Quiero uno que sea mejor que el de mi vecino" porque sientes envidia, es karma malo; si dices: "Ah, es un reloj", es karma neutro; en otras ocasiones te sientes generoso y lo regalas a un amigo: es karma bueno; o si piensas: "Le cogeré el reloj sin que se entere", es karma negativo. Todos estos procesos van precedidos por la intención. Detener este proceso no es fácil porque la intención activa factores mentales positivos, negativos o neutros y crea karma que te hará tener experiencias diversas.

Agregado de la consciencia

El agregado de la consciencia se compone de las seis mentes primarias: visual, auditiva, olfativa, gustativa, táctil y la consciencia mental. Cada mente primaria se relaciona con un tipo específico de objeto: colores y formas, sonidos, olores, sabores, sensaciones táctiles y fenómenos mentales. La consciencia mental es especialmente importante porque es la que piensa y conceptualiza; también es aquello que se puede transformar en perceptores directos yóguicos, como cuando comprendes directamente duhkha, la impermanencia y la vacuidad.

Las cinco consciencias sensoriales no piensan. Se refiere al contacto que entablan los sentidos con los objetos físicos. El contacto del poder sensorial del ojo, el objeto y la consciencia visual produce el ver algo. Es un proceso super rápido. Lo mismo ocurre con el resto.

Es preciso observar de cerca los cinco agregados y purificar tus kleshas, las emociones aflictivas: existe un yo, pero no del modo en que te consideras. Se requiere un fino bisturí para eliminar lo que es una ficción, lo que es venenoso, y dejar lo que hay, la parte sana –un yo que no es sólido ni que esté al mando–. Cuando ese yo ficticio no está, no hay problema. Los problemas sólo existen si hay alguien sólido que los tenga.

Los budas también tienen cinco agregados: forma, sensación, discernimiento, factores composicionales y consciencia. Sin embargo, a diferencia de los nuestros, los agregados de un buda son purificados y no surgen de la ignorancia, de las aflicciones y del karma.

> Hay acto, pero no hacedor.
> Hay malestar, pero no quien lo experimenta.
> Hay sendero, pero nadie entra en él.
> Y hay Liberación, pero nadie la alcanza.

Si examinas el yo de cerca consta de un conglomerado de procesos: "El yo de la mañana; el yo de la tarde; ahora te sientes triste, después un poco más feliz; después un poco preocupado; después relajado; después te enfadas; después especulas sobre el futuro; después piensas en el pasado". ¿Cuál de ellos eres? Si dices "Todos ellos", estás afirmando que tienes o eres bastantes yoes, pero debe haber entre todos ellos uno que sea el yo real, ¿no? No te parece extraño que el yo sea mil yoes. Puedes decir: "Soy el yo del presente". Pero ¿y dónde va ese yo cuando deja de existir el momento presente? Y el yo de ayer, ¿a dónde se ha ido?

Analogías para los cinco agregados
Buda usó un símil para cada agregado:

> La forma es como una pompa de jabón.
> La sensación es como una burbuja.
> El discernimiento es como un espejismo.
> Los factores composicionales son como un bananero.

> Y la consciencia es como una ilusión.
> *Canon Pali, Samyuttha Nikaya*

Se pueden usar estos símiles para ilustrar tanto la transitoriedad como la vacuidad que se mencionan en la tradición mahayana. Trata de comprender que los agregados no existen como crees que existen, son vacíos. Y cuando experimentas el vacío, nada nuevo se añade al fenómeno y nada de lo que estaba en él es eliminado, más bien es darse cuenta de que el fenómeno siempre ha existido de ese modo: carente de existencia inherente. Lo mismo se aplica con la impermanencia.

La forma es engañosa como una pompa de jabón.
Enseña que el cuerpo no existe como aparece. Una pompa de jabón es frágil y no puede soportar contacto alguno. Tu cuerpo es igual: frágil, débil y fácilmente puede verse perjudicado por cosas diminutas, como una aguja, un pincho, un virus… Si el cuerpo fuese sólido todo sería de otro modo, pero no es así. Es fácil perjudicarlo y difícil mantenerlo con salud. Cuando observas una pompa de jabón parece sólida, como algo que podrías coger, pero si la tocas estalla. *No es lo que parecía ser.* Este cuerpo parece existir como una entidad sólida y no lo es.

La sensación es un fenómeno dependiente, como una burbuja.
La sensación es dependiente y, en consecuencia, vacía, como una burbuja que se forma en un estanque cuando llueve con fuerza. Este agregado consta de tres tipos: sensación, agradable, desagradable y neutra. Cuando cae la lluvia se forman burbujas de agua que aparecen y desaparecen al instante. Las sensaciones son así, no son estables sino perecederas, surgen y tan pronto lo hacen se desvanecen.

Buda dijo que las sensaciones agradables no son más que *sufrimiento del cambio*. Por ejemplo, cuando tienes sed y empiezas a beber para saciarla, sólo al principio pareces tener una sensación agradable, de felicidad, porque, una vez saciado, aquella sensación agradable se transforma en sensación neutra o, si sigues bebiendo, en desagradable.

Una burbuja parece real, las sensaciones parecen reales y duraderas, pero en realidad son dependientes y perecederas, aparecen y se desvanecen. Una sensación agradable, de felicidad, parece existir de su propio lado, parece ser inherentemente duradera, pero no es una sensación independiente: es designada como *agradable* con respecto a una sensación desagradable. Y cualquier cosa que depende de otra no es independiente, intrínseca, duradera, sólida.

El discernimiento es falso, como un espejismo.

Este factor mental aprehende las características específicas del fenómeno. Discierne el rojo del negro, mujer de hombre, qué practicar y qué abandonar, etc.

Si te pierdes en un desierto serás susceptible a la ilusión de ver un espejismo y correrás hacia él, ansioso por beber el agua que crees ver. No obstante, aunque aparece agua no la hay. Del mismo modo, todas las características que distingue el discernimiento parecen ser sólidas y fijas, pero no existen como aparecen. Cada acto de discernimiento mismo parece ser "sólido", cuando la verdad es que todos ellos son cambiantes e ilusorios como un espejismo, igual que para el sediento la apariencia de agua parece sólida y real y nos hace correr tras ella a pesar de ser falsa. El espejismo depende del suelo, el calor y tu sed. El discernir las cosas de un modo u otro depende de tu mente, de tu karma, del objeto y de muchas otras cosas.

Los factores composicionales son vacíos, como un bananero.

Este agregado consiste, por ejemplo, en puntos de vista distintos, emociones aflictivas y cosas abstractas como *impermanencia, tiempo, año*, etc. El símil es un bananero cuya esencia es hueca o sin esencia. Cuando empiezas a pelar un árbol cualquiera, en su interior encuentras una esencia: la madera. Pero en el caso del bananero no sucede lo mismo: capa tras capa va desapareciendo hasta que no queda absolutamente nada consistente. Este agregado también es así: aparecen emociones distintas –ira, envidia, etc.– y parecen algo real, sólido..., pero en realidad son totalmente pasajeras.

La consciencia es irreal, como una ilusión.
La consciencia se refiere a las seis consciencias. Ellas conocen el aspecto general del objeto, mientras que los factores mentales llevan a cabo funciones específicas que rellenan los detalles de cada estado mental. Al igual que un mago puede conjurar apariencias de caballos y elefantes cuando en realidad no están allí, del mismo modo los objetos de las seis consciencias parecen ser objetivamente sólidos, aunque no lo son. La consciencia misma parece existir como un fenómeno totalmente independiente de los objetos, cuando en realidad no es así. Para que se despierte un estado mental específico se requiere, entre otros factores, del objeto. Todas estas apariencias son falsas.

Los siete factores de la Iluminación

Los siete factores de la Iluminación son otro objeto de observación del fundamento de la atención a los dharmas. En el camino a la Liberación se cultivan estos siete cuya función es desarrollar aspectos positivos de la mente. Cualquier camino espiritual tiene que ver con el cultivo de estos factores. Todas las tradiciones budistas los desarrollan de modos distintos, y tienen su base en samatha y vipasana.

La palabra pali que los denomina es *sambodhibojhanga; sambodhi* significa *Iluminación* o *experiencia de la verdad final*, pero también alude al conocimiento de todos los dharmas, mente y materia. *Anga* es *componente* o *factor*. Es decir, son factores o partes del conocimiento total de todos los dharmas, mente y materia.

Piensa en las diferentes tradiciones del Dharma de Buda como en una maravillosa semilla plantada en la tierra de la cual ha surgido un árbol con raíces profundas, grandes ramas, hojas, flores y frutos. Unos podrían decir que el Dharma se encuentra en la raíz; otros que está en las ramas o las flores y otros que está en los frutos que da. Por supuesto las diferentes partes no se pueden separar, son parte indistinguible de un todo.

Los siete factores son como la savia que impregna el árbol de la Liberación y que alimenta todas las partes. Los siete son cualidades virtuosas que surgen de tu práctica. Cuando se cultivan afectan profundamente tu relación con el mundo que te rodea. El despertar de estas cualidades trae libertad al individuo. En realidad, cualquier camino espiritual tiene que ver con su cultivo y todas las tradiciones budistas los desarrollan de modos distintos.

Atención, mindfulness

Ya lo hemos presentado en capítulos previos, es el elemento

central de los siete y puede referirse a una presencia clara en lo que está sucediendo en cada momento. Su opuesto es el modo en que sueles vivir la vida, con el piloto automático, sin ser muy consciente.

Cuando estás atento tienes este sentimiento de hacer las cosas con presencia: actúas con impecabilidad, siendo consciente de la naturaleza de los actos, con el conocimiento de que la muerte está muy cerca, prestas atención a lo que haces, dices y piensas, y lees textos sagrados. Estas actitudes proporcionan energía y alegría a la mente. He descrito la atención en mis libros *Mindfulness y mucho más* y *Samatha y Vipasana/el poder de la concentración*. Podríamos decir que, de modo general, la atención tiene tres funciones:

1) *Ver y experimentar claramente lo que ocurre en el cuerpo y la mente sin aversión, apego o ignorancia.* Te libera de reacciones engañosas y te permite experimentar una libertad especial porque surge una clara comprensión de la naturaleza de la realidad.

2) *Desarrollar el resto de los factores virtuosos.* A medida que crece la atención, crece la calma y ecuanimidad. La atención es vital para la meditación, pero también para estudiar, trabajar, caminar, conducir, cocinar y especialmente para vivir. Si la refuerzas actúa como protección ante las circunstancias cambiantes de la vida.

3) *Equilibrar la mente.* Si caes presa de cualquier engaño o aflicción y, en ese momento, puedes despertar la atención, comprenderás tu estado mental y lo podrás equilibrar. La atención es el factor más importante para cultivar estados mentales saludables y para hacer decrecer los nocivos. A más atención más purificación.

Los beneficios de desarrollar mindfulness, atención, vienen expresados en el *Sendero de la Libertad:*

> Si alguien practica la atención a la respiración (*anapanasati*), obtiene lo pacífico, lo exquisito, lo maravilloso y una vida gozosa. Causa que los estados negativos desaparezcan tan pronto como aparecen.

El maestro Vasubhandu, del siglo IV, en su *Sumario de los Cinco Agregados,* habla de la atención como "El factor mental que evita distraerse de un objeto con el que se ha familiarizado".

"Objeto con el que se ha familiarizado" significa que no puede haber memoria o atención respecto a un objeto que no te resulte familiar. Ese objeto "familiar" que has experimentado previamente puede ser la respiración, la mente, el amor, la compasión...

"Evita distraerse" se refiere a la facultad que te permite seguir sosteniendo la atención en ese objeto, la capacidad de recordar continuadamente algo que ha sido previamente entendido. En otras palabras, podrías decir que la atención tiene una estrecha relación con la memoria: no olvida un objeto conocido y su función es impedir dejarlo.

La atención *no olvida* una vez se ha enfocado en el objeto. Su *función* es impedir la distracción. Si te apartas del objeto, has perdido la atención; para evitarlo, tu mente debe fundirse con él. A través de la atención continua se incrementa la permanencia apacible.

Asanga, hermano mayor de Vasubhandu y seguidor de la escuela mahayana chitamatra, en su *Compendio del Abhidharma* (Skt. *Abhidharmasamuccaya*) define la atención de un modo muy parecido: "La atención es el factor mental que no olvida un objeto familiar y su función es la de no distraerse".

Uno de los sentidos de los términos *sati, drenpa* en tibetano, es *capacidad de recordar*. La atención es una forma de memoria, aunque no es exactamente lo mismo que acordarte de dónde dejaste las llaves, por ejemplo. Es la capacidad de recordar en el sentido de que *cuanta más atención le prestas a algo, más fácil te resulta recordarlo*. La atención, pues, es esta capacidad para evocar, retener y sostener el objeto en el que meditamos, sea éste la respiración, la naturaleza de la mente, el amor, la compasión, el desapego, la transitoriedad de las cosas o tantos otros.

Budagosha, sabio representante de la escuela theravada, en su famoso *Sendero de Purificación*, define la atención de este modo:

> La atención, mindfulness o *sati*, tiene la característica de "no ir a la deriva", tiene la función de "no olvidar" y su seña de identidad es "estar cara a cara con el objeto". Su causa próxima son los *Cuatro Fundamentos de la Atención*: cuerpo, sensación, mente y fenómenos. Se la considera un pilar, pues está firmemente afianzada sobre el objeto, y es como un guardián porque protege las puertas de los sentidos.

"[...] un guardián que protege las puertas de los sentidos" alude a la capacidad de la atención –junto a la vigilancia o comprensión clara– para discernir entre el bien y el mal, elemento vital para la observancia de la ética.

En otros textos, como el *Attasalini* y el *Visudhimaga* o *Sendero de Purificación,* Budagosha describe la atención como un estado de "no superficialidad".

> No superficialidad como sinónimo de "inmersión", pues la atención hace una inmersión profunda en el objeto y no le permite ir a la deriva, como si fuera una calabaza flotando sobre las aguas.

Como se ha detallado previamente, hay cuatro aspectos centrales en la práctica de vipasana, los *Cuatro Fundamentos de la Atención.*

Atención al cuerpo. Atención al mundo físico, al cuerpo y sus sentidos. Ser consciente de lo que ves, de lo que oyes, de los olores, gustos, sabores, de la respiración, la postura corporal, el movimiento…

Atención a las sensaciones. Prestar atención a las experiencias agradables, desagradables y neutras. Cuando estas distintas experiencias se vuelven predominantes se convierten en tus objetos de meditación. Estar atento a las sensaciones es muy importante porque condicionan el surgimiento del apego, la ira y la ignorancia. La práctica consiste en ser consciente cuando aparecen y soltar, sin apegarse a lo agradable ni condenar lo desagradable.

Atención a la consciencia. Ser consciente de los distintos estados mentales cuando aparecen. Si aparece la cólera o la aversión, la codicia y otros, sé consciente. No juzgas, ni te aferras; ninguno de ellos es "yo", simplemente ocurren y tiñen la mente. Presta atención a los estados mentales por los que pasas –duda, temor, inquietud, nerviosidad, distracción, aburrimiento, sabiduría, alegría, recuerdos…- y simplemente sé consciente de dicho contenido.

Atención al dharma. Darse cuenta de los tres aspectos de la existencia: la transitoriedad, el dolor y la ausencia de una identidad personal sólida. Darse cuenta de los cinco agregados, darse cuenta de las Cuatro Nobles Verdades. Ser consciente de las leyes que gobiernan los elementos del cuerpo y la mente.

La atención equilibra la mente, pero el entusiasmo, la sabiduría y la alegría o interés son cualidades que despiertan.

Investigar

Se refiere a investigar el Dharma, la naturaleza de las cosas, la mente y la materia, que son los objetos de vipasana. Lo haces a través del estudio y de escuchar a maestros cualificados, pero sobre todo al meditar. A medida que la práctica progresa, uno puede atravesar estados de duda, desánimo... y esta capacidad de investigar ayuda a superarlos. Está vinculada con la sabiduría.

Esta capacidad de investigar no significa adoptar opiniones ajenas, sino que está basada en la siguiente actitud: "*Voy a ver por mí mismo si las cosas son transitorias, si hay malestar y si son carentes de una entidad esencial*".

No se trata sólo de una investigación intelectual, no viene de leer libros, sino de meditar para ver mejor la verdadera naturaleza de tu cuerpo y tu mente. En la meditación ha de estar presente: cuando observas la respiración sabes que es materia y que el observador es la mente. Esta capacidad de investigar la realidad es prácticamente sinónimo de saber, de sabiduría. Por eso se dice que es como encender o iluminar una sala: sin luz no ves lo que hay en ella, al encenderla lo podrás ver. Sin esta capacidad de iluminar no podrás ver la naturaleza de las cosas. Cuando investigas los dharmas, que es conocimiento o *prajña*, puedes verlos claramente.

Este factor de sabiduría hace que la experiencia de la transitoriedad se integre en tu mente. También percibirás la ausencia de una entidad personal sólida en ti. Ves, oyes, hueles, saboreas, tocas, piensas... Incesantemente. Y detrás de estos procesos no hay nadie sólido que esté al control. El universo, tu vida, se reduce a estos seis procesos y fenómenos experimentados por alguien que no existe como siempre has creído: con una identidad sólida.

A medida que la práctica progresa pasas por estados de duda, desánimo, aquello que los místicos denominaban la "noche oscura del alma". Cuando lo haces, tienes la experiencia de que todo es transitorio: no hay nada que puedas mantener, nada en lo que encontrar seguridad. Sería como pretender que una burbuja de agua puede darte la felicidad: si la tocas, se acabó.

Esfuerzo, entusiasmo
El esfuerzo crece a medida que desarrollas la capacidad de estar plenamente atento e investigas la realidad, y desemboca en los cuatro tipos de esfuerzo de los que hablaba el Buda:

1. Esforzarse en mejorar estados mentales positivos que ya forman parte de ti.
2. Esforzarse en apartarse de estados negativos que ya han surgido en ti.
3. Esforzarse en promover estados positivos que aún no han surgido.
4. Esforzarse en evitar estados mentales negativos que aún no han surgido.

Nada se consigue sin esfuerzo. Cualquier cosa que desees, tanto mundana como espiritual, requiere esfuerzo. Nadie iluminará nunca a otro ser. *Nadie ha puesto tus emociones aflictivas molestas en tu interior, ni nadie las puede quitar. Tú tienes que esforzarte en seguir el sendero de purificación.* Cuando se cultiva la energía y el entusiasmo se debilita el sopor, la pereza mental, la indolencia.

Alegría, bienestar
Este factor entraña aprender a vivir y practicar con el corazón ligero, no tomarse las cosas demasiado seriamente. *Es un profundo interés en seguir tu meditación y estudio, pase lo que pase.* La tradición theravada señala una diferencia entre *bienestar* o *alegría* (pali: *piti*) y *gozo* (pali y sánscrito: *sukha*). El precioso Ajan Sayadaw Silananda señala que *alegría* o *deleite* es el tipo de contento que surge cuando sabes que obtendrás un objeto deseable, y el *gozo* o *sukha* surge cuando lo obtienes.

Piti o *alegría* hace que uno vea como muy preciosos los aspectos del sendero que conducen al Nirvana. Este bienestar incluso afecta a tu sistema energético y surge como resultado de los estados poderosos producto de la atención y concentración. Este bienestar también se refiere a la libertad interior que surge de estar apartado del apego y la aversión. Se da el ejemplo del hombre sediento, sucio y cansado que lleva días en el desierto: imagina el júbilo que sentiría si, de repente, llegara a un oasis maravilloso, lleno de palmeras y aguas frescas y cristalinas.

Puedes hacer crecer este factor si te percatas de que tu práctica meditativa te ayuda a cultivar cualidades como la paciencia, el esfuerzo, la sabiduría, la ética o la generosidad.

Reflexionar sobre las Cuatro Nobles Verdades y las tres características de la existencia –dukha, transitoriedad y ausencia de existencia esencial– te ayuda a despertar este sentimiento de alegría, un estado mental lúcido y optimista.

Está basado en un interés profundo en seguir tu meditación y estudio, pase lo que pase. Y de ello surge un estado de alegría y bienestar internos.

Tranquilidad profunda.

Es un estado parecido, aunque no idéntico, a lo que en tibetano se denomina *shinjang* (pali: *passaddhi*), o *flexibilidad,* y no se refiere a la flexibilidad habitual, sino a la eliminación de todo obstáculo físico y mental que te impida estar concentrado a voluntad. Produce también un fuerte estado de gozo físico y mental. Se explica en el capítulo sobre samatha –o *permanencia apacible*– de mi libro *Samatha y Vipasana/mindfulness y mucho más.*

Se refiere a un estado mental en el que se han calmado las aflicciones mentales. Nos cuesta creer que tengamos la capacidad de aposentarnos en un silencio profundo, pacífico y reparador. Esta calma interior es muy importante en la meditación y con ella aprendes a escuchar y ver mejor lo que ocurre en tu corazón. Para apoyar esta calma interior es preciso desarrollar tranquilidad física y calma en la respiración. Cualquiera puede intentar practicarlo, por eso a veces es importante dejar las cosas habituales e irte a la naturaleza y estar contigo mismo. Este tipo de retiros produce una buena dosis de calma interior.

Concentración

La concentración o samadhi se refiere a un estado mental absorto unipuntualizadamente en su objeto. Como luz concentrada que se transforma en un láser capaz de cortar el acero. La mente concentrada tiene la capacidad de penetrar en la realidad… para verla mejor.

Una de las experiencias más obvias cuando empiezas a despertar atención es el reconocimiento de que la mente está fuera de control, llena de pensamientos, planes, reacciones, agrado y desagrado. La continuidad constante de sucesos físicos y mentales crea la apariencia de la solidez. Pero a medida que la concentración mejora, penetras capas de pensamientos y sensaciones hasta llegar a ver que, tanto ellos como las emociones, simplemente surgen y pasan.

La ilusión de la solidez es debida al cambio constante y fluido. Una mente concentrada ve el cambio que se encuentra más allá de la ilusión y es vital para practicar vipasana.

El esfuerzo, la investigación y la alegría se despiertan primero y son equilibrados por tres factores, el primero de los cuales es la concentración o samadhi, que se refiere a un estado mental absorto en su objeto.

Podemos examinar también la aparente solidez de las sensaciones corporales, sonidos, visiones y demás y ver que, como la mente, también están en cambio constante.

Ecuanimidad

La ecuanimidad se refiere a la tranquilidad de espíritu, un estado mental en el que se han calmado los obstáculos en la meditación. Cuesta creer que tengamos la capacidad de entrar en un silencio profundo, pacífico y reparador. La calma interior es muy importante en la meditación. Para apoyar esta calma interior es preciso desarrollar tranquilidad física y calma en la respiración, y también dejar las cosas que habitualmente te entretienen. Este tipo de retiros produce una buena dosis de calma interior.

Ecuanimidad aquí es otra palabra para *serenidad mental.* No debería confundirse con la ecuanimidad que se explica en el sendero mahayana y que es la base para despertar el amor y la compasión. Aquí se refiere a una ecuanimidad que te permite no exaltarte cuando las cosas van bien y no deprimirte cuando van mal, y que te permite alegrarte de la buena fortuna de los demás. También es la que hace posible que te apartes de los dos obstáculos para conseguir una concentración perfecta: por un lado, la distracción y la excitación y por otro, el hundimiento mental.

Es un poder especial que surge de la meditación y que se desarrolla a lo largo de la práctica. Te permite estar centrado, sin perder el equilibrio. Tampoco lo aprenderás o desarrollarás leyendo libros, sino meditando habitualmente y entrando en retiros.

Cuando meditas día a día y entras en retiros más largos, desarrollas los siete factores. Tienes el potencial de conseguirlo y cada uno de ellos te reporta beneficios inmensos para llevar una vida más sana, completa y satisfactoria.

El *Adorno de los Sutras Mahayana* explica que, según la mitología hindú y budista, los reyes Chakravartin poseen siete objetos de poder especial: un chakra –rueda–, un elefante, un caballo, una gema que concede todos los deseos, una reina, un ministro y un general.

La *rueda* es muy importante tanto en el mundo material como en el espiritual. El rey tiene la mejor rueda, vence a los demás y gobierna el mundo. En el sendero espiritual la *atención* es como esa rueda porque es la fuerza principal que te permite superar obstáculos y aflicciones. Del mismo modo que el rey usa la rueda para llegar a lugares que no ha conquistado, la atención te ayuda a conquistar los engaños, particularmente la ignorancia.

El *elefante* es un animal poderoso y fuerte, capaz de transportar mucha carga. Cuando montas sobre él te sientes cómodo porque se mueve con suavidad y llega a todas partes. En la antigüedad se usaba como un arma de destrucción. Del mismo modo, la *sabiduría, la investigación*, te da todo el poder porque es el antídoto directo a la ignorancia.

Montar un *caballo* te hace llegar de prisa a los lugares que deseas y lo mismo ocurre con el *entusiasmo*.

El *deleite, la alegría*, es como una *joya*. En la mitología budista se habla de la gema que concede los deseos. Sin deleite y bienestar la meditación no irá bien, la práctica será como hacer subir a un burro cuesta arriba. Una atención estable es la causa del deleite y esto hace que todas tus prácticas sean interesantes.

El *gozo* que viene de la *flexibilidad* es como la *reina* que proporciona placer al rey. Según esta mitología la reina es fuente de gozo. La meditación, específicamente la de samatha, es la fuente del gozo no contaminado. La reina da placer al cuerpo y a la mente del rey como la flexibilidad se la da al meditador.

La *concentración* es como el *ministro*. El ministro es el asistente del rey y su función es saber lo que él desea y llevarlo a cabo. Del mismo modo, la concentración facilita desarrollar todas las cualidades que necesitas.

La *ecuanimidad* es como el *general* mitológico. Este general sabe cómo y cuándo usar el ejército o cuándo redactar un tratado de paz. Del mismo modo, la ecuanimidad proporciona una fuerte base de serenidad y equilibrio y te hace saber cuándo aplicar antídotos en tu meditación o con cuánta intensidad has de aplicar la atención. Te da una fuerte estabilidad y seguridad, como un ejército que proporciona seguridad a un país.

Las Cuatro Nobles Verdades

Como objeto de contemplación en los *Cuatro Fundamentos de la Atención* se encuentran las Cuatro Nobles Verdades. Buda solía decir: "Sólo enseño cuatro cosas: la insatisfacción, las causas, su final y el sendero". La segunda es la causa de la primera y la cuarta es la causa de la tercera. Es la medicina para recuperarse de la enfermedad de *dukkha*.

Buda nos dice que la insatisfacción, el dolor, de momento es inevitable. Esta verdad es tan relevante ahora como lo era hace dos mil seiscientos años porque el entramado psicológico de la gente no ha cambiado. La gente de entonces estaba igual o más insatisfecha que nosotros y sufría igual. Que te den este mensaje, dependiendo de cómo se interprete, es liberador. Porque has de tener en cuenta que hay personas que se deprimen porque están insatisfechas, cuando en realidad es una situación normal, es como quejarse de que te quema el fuego si has puesto la mano en él. Es como si todavía estuviésemos sujetos al mensaje de muchas de las películas de Hollywood: "Al final, un día, seremos felices para siempre".

¿Qué es la insatisfacción? Dolor, estrés, temor, tensión, ansiedad, preocupaciones, depresión, decepción, ira, celos, envidia, orgullo, nerviosidad, competitividad.... Incluso los animales experimentan todos estos estados mentales. La enfermedad, separarnos de nuestros seres amados, perder lo que queremos o vernos obligados a enfrentarnos con lo que no deseamos; pelear por posesiones, dinero, nombre, fronteras... son problemas creados en algunos casos por la avaricia y en otros por la ira o por la ignorancia. La esencia de la primera verdad del Buda es reconocer que las cosas son así...sin echar la culpa a los demás.

Si quieres ser feliz, lo primero que debes hacer es observar de cerca la insatisfacción, *duhkha*, con una mente estable y penetrante. Debemos darnos cuenta de que cada experiencia de la vida trae algún grado de duhkha a cualquiera que no esté iluminado.

La insatisfacción en ocasiones puede ser muy sutil, quizás una inquietud subyacente sutil en lo profundo de la mente: no hay paz. O puede ser más obvia, como por ejemplo un fuerte apego a una persona, opinión o cosa.

En definitiva, hasta llegar a la Iluminación, la insatisfacción o *duhkha* nos acompañará. Hay varias situaciones recurrentes: el ciclo de la vida, el cambio y el no tener control sobre nuestra vida. La primera de ellas –el ciclo de la vida– se refiere a los cuatro sufrimientos básicos:

1) **Nacer**. Si un recién nacido llora no es porque esté contento. En su llanto de bienvenida al mundo se aparta de un malestar para entrar en otro de nuevo. A medida que crecemos, estos llantos y gritos de dolor se vuelven menos sonoros externamente, pero persiste un grito angustiado que dura el resto de nuestra vida. Gritamos y lloramos porque queremos más leche, más comida, más ropa, más tierra para ampliar la casa, un trabajo mejor o mejor remunerado, una buena reputación o no perderla, más dinero o no perderlo, el novio perfecto, la novia más seductora... Como dicen los textos, al nacer nace la insatisfacción.

2) **Envejecer**. Justo después de nacer empieza el envejecimiento, lo cual también es *dukha*, insatisfacción. Cuando Buda decía que la vejez da lugar a *dukha* se refería sobretodo a la degeneración del cuerpo. Todos sabemos que las células de nuestro cuerpo se gastan. Del mismo modo, nuestros estados mentales surgen, se mantienen y desaparecen. El envejecimiento hace que degenere el cuerpo y la mente y desemboca en la muerte.

3) **La enfermedad** es *dukha*. Todos sabemos lo dolorosas que son las enfermedades. Igual todavía no has sido victima de enfermedades serias, pero igual has tenido problemas de menisco jugando al fútbol, te has roto una pierna… Es decir, el cuerpo tiene consigo un potencial enorme para hacerte sufrir. Todos tememos estar enfermos de gravedad y todos lo estaremos a no ser que la muerte nos atrape antes.

4) **La Muerte**. *La muerte* no se refiere sólo al momento en sí, sino a lo que dirige a este momento. La muerte es la separación de todo lo que se relaciona con el cuerpo, bienes, amistades, seres queridos, etc., y nos desespera; pero también es el derrumbamiento de los bloques constructores de nuestra personalidad, de quién soy o creo ser. No obstante, si la muerte fuese el fin de todo, la cosa no sería dramática, ni demasiado seria.

Cuando se acerca la muerte, si es resultado de un largo proceso de enfermedad o de impedimento físico y mental, puedes pensar: "Bien, ya he tenido suficiente, ¡qué bien!, ¡voy a dejar de sufrir!". Pero ¿estamos realmente seguros de que se termina *todo* entonces? Si eres honesto, no puedes afirmarlo ni negarlo a ciencia cierta.

Por mucho que no desees seguir en el ciclo que viene después, no puedes elegir. Tampoco puedes decir: "Bien, si continuo ahora voy a ir a un sitio mejor". ¿Por qué ha de ser mejor? ¿Quién lo dice?

Buda era muy enfático al respecto: mientras persistan en tu interior la ira, la ignorancia y el ansia o deseo, el ciclo interminable de nacer, enfermar, envejecer y morir seguirá. ¿Qué te hace pensar que estás aquí, sufres, no eres feliz del todo, tienes un grado de insatisfacción, dolor y ansiedad en tu interior y que, plis plas, después de la muerte todo será maravilloso?

Pongámoslo en otras palabras: ¿puedes ser feliz con las tres emociones básicas en tu interior? Si no has hecho nada para desembarazarte de ellas, ¿por qué deberías de repente tener una consciencia sin ellas y experimentar paz? Piensa en esto.

La energía resultante de todas nuestras experiencias es como una mochila que transportamos de vida en vida. El contenido de la mochila se transfiere a otra mochila vida tras vida. La energía de esta mochila –las impresiones o semillas de todas las actividades mentales, las palabras y actos intencionados de esta vida y de las previas– no sólo viaja con nosotros, sino que también es responsable del inicio de otra nueva vida.

Hasta que no vaciemos la mochila, hasta que no agotemos las semillas de nuestra actividad promovida por el deseo-ansia, la ignorancia y la ira, no se puede escapar de este ciclo. Por este motivo hemos de despertar este pensamiento nuevo, especial y extremadamente positivo de hacer todo lo que esté en nuestra mano en este espacio de vida para lograr la felicidad permanente de la Liberación.

El cambio causa insatisfacción, pues nos separa de lo que queremos y nos une a lo que no queremos en muchas ocasiones, las amistades varían, la pareja nos rechaza, perdemos aquello a lo que estamos enganchados... Esto nos duele, nos perturba y nos entristece.

Incluso nos alteran cosas que no controlamos, como el tiempo. Si hace calor nos quejaremos del calor, pero si hace frío también. Si no hace viento, lo pediremos y si lo hace, pediremos que deje de hacerlo. Esta es la naturaleza humana.

Todo lo que existe puede causar insatisfacción y no es porque las cosas en sí tengan la función automática de producir insatisfacción, sino porque nosotros somos producto de causas y condiciones. Son nuestras semillas kármicas las que determinan si las cosas nos van a seguir produciendo insatisfacción.

El Buda denominaba a todas las cosas externas e internas que surgen de causas, *cosas condicionadas,* y explicó que éstas se caracterizan por las tres facetas ya explicadas: duhkha, transitoriedad y ausencia de una identidad sólida.

La transitoriedad es fácil de entender, incluso vemos que las cosas cambian. Quizás no vivimos de acuerdo con sus implicaciones, pero vemos que es verdad. Y el hecho de que las cosas cambien no es lo que causa el problema, lo que lo causa es *el apego a que las cosas y las personas no cambien.*

Hay incluso gente que se siente infeliz cuando oye estos discursos: ¿por qué no hablar de la felicidad, del placer? La razón de por qué no se habla de la felicidad es que, debido a la transitoriedad, lo que es agradable o nos llena de deleite no dura. En consecuencia, puesto que ya no somos bebés sino adultos, es preciso hablar de lo que está ocurriendo sin alterarse demasiado.

Desde el lado negativo, que las cosas cambien, junto con nuestro apego a ellas, produce malestar. Desde el lado positivo, que las cosas cambien hace posible que puedan cambiar a mejor. Si las cosas fuesen concretas y sólidas ningún cambio sería posible; el hecho de que no lo son trae consigo buenas y esperanzadoras noticias.

Y ahora, la ausencia de una identidad personal sólida, sustancial. Uno de los motivos por los que Buda hizo esta afirmación es porque las cosas cambian a nivel microscópico, por decirlo de una manera. En consecuencia, no les podemos coser una etiqueta fija, un yo sólido. Digamos que las cosas cambian demasiado deprisa para mantenerse ni tan siquiera un micro instante. Este es el vacío más básico con el que debemos entrar en contacto.

Por supuesto que es válido y correcto decir "Yo estoy aquí" o "ésta es mi casa", "me gusta", "no me gusta". El punto es que, si te acercas a la base que te hace decir "mí" o "yo", no encontrarás una esencia fija o sólida donde colocar la etiqueta. Si buscas no encuentras nada… Es decir, la etiqueta sólida y fija no encaja con la realidad terriblemente cambiante que experimentamos. Este error es la raíz del malestar en última instancia.

Si observas tu propia mente unos minutos podrás comprobar que las cosas son muy inestables: recuerdos, emociones, intenciones, atención, distracción, concentración, calma, agitación, calma, distracción, pensamientos...En consecuencia, es absurdo apegarse a estas sombras pasajeras con apego o rechazarlas con ira.

Si la mente está despierta y has profundizado en la meditación, puedes ver los cambios tan claramente que no hay espacio para que surja el aferramiento a una entidad sólida en ti o en la realidad. Vacío, espacio, humildad. ¿Quién sufre?, ¿quién se libera? Esta es la cuestión. Una vida sin un fuerte sentido de un yo sólido y concreto y controlador es el principio de una vida más calmada y pacífica.

El nombre que tienes en tu carnet de identidad no es garantía en absoluto de que poseas una identidad propia sólida e independiente, pero, obviamente, es una herramienta útil para las convenciones de la vida cotidiana.

Se dice que cuando la atención te lleve a la experiencia de que *el yo* –la *identidad personal* que has estado protegiendo tan vigorosamente– es, de hecho, una ilusión, una corriente constante de sensaciones, emociones y estados físicos cambiantes sin una identidad fija o concreta, entonces, no habrá razón alguna para sentirse infeliz o insatisfecho.

Yo tuve una experiencia reveladora en Paris. Ya llevaba un año de exiliado político. Yo venía de una familia conocida y notoria en mi pueblo, de clase media. Ya sabes, aquello de "Oh, es el hijo de fulano de tal, bla, bla, bla". En realidad, nos colgamos y aferramos a estas etiquetas creyendo que son un punto de referencia seguro y protector ante la fragilidad de la existencia, "yo, mi personalidad, mi identidad". Bueno, en Paris, como refugiado político, la primera vez que estaba sin mucho dinero en el bolsillo, en busca de papeles, donde nadie te conoce... de repente, todo se derrumba: "No eras aquello que creías ser", "No eres el hijo de tal". No hay un punto de referencia claro y sólido al que agarrarse. Es como estar delante de un precipicio inmenso. Sólo queda la aceptación, la humildad, el vacío existencial.

Si estuvieras a cargo de tu vida no habría razón por la que sentirse insatisfecho. Pero no estás al control de prácticamente nada. Ya sabes que a veces no obtienes lo que deseas y te ves separado de lo que deseas. Te gustaría tener la paga perfecta, el jefe perfecto, la oficina perfecta, la pareja perfecta... pero todos ellos cambian y no sabes *ni por qué ni cuándo*.

Te gustaría engancharte a tus seres queridos, pero un día os separaréis. Mientras comes tu arroz integral, meditas o haces yoga, envejeces y te acercas a la enfermedad y a la muerte. Nos gustaría permanecer sanos y jóvenes, pero nuestro cuerpo sigue su camino y tiene sus propios planes. Perdemos información del disco duro, hablan mal de nosotros, perdemos dinero o no nos llega para los gastos, se deteriora nuestra memoria, salud física y vitalidad. Muchos vivimos de la fantasía que consiste en pensar: "Si tuviera una casa mejor, un marido mejor, unos amigos mejores, un país mejor... después sí, después sería la persona más feliz". Pero es sólo una ilusión. Buda decía que hay dos tragedias en la vida: *no conseguir lo que uno anhela y conseguirlo*... Luchas por conseguirlo y luchas para mantenerlo.

Comprender el karma: la ley de causa y efecto

La causa y el efecto es la ley más importante que gobierna nuestra vida. Cuando la entendemos y vivimos de acuerdo con ella, nuestra vida se vuelve más pacífica y serena. Por el contrario, si seguimos ignorando la naturaleza de las cosas experimentamos confusión y dolor. Esta ley está detrás de la realidad en la que vivimos.

Cada uno de nosotros es como un artista: dibujamos en el lienzo de la vida nuestro cuerpo, nuestra mente y cómo experimentamos la realidad que nos envuelve. Un gran sentimiento de creatividad emerge al saber que con tus actos, pensamientos y palabras modelas tu futuro. Y la plataforma donde empezar a crear tu nueva realidad es el presente.

Karma es una palabra sánscrita y se refiere a la intención que hay detrás de los actos. Específicamente, cada acto intencionado trae un resultado. Cuando actúas movido por la avaricia, la envidia, el resentimiento, etc., estás plantando semillas para experimentar dolor. ¿No te lo crees? Sólo observa el efecto que produce en la mente cualquiera de estos estados mentales cuando aparecen en ella. Ya se produce una primera expresión verificable de causa y efecto. Por el contrario, actos creados por estados mentales positivos como la generosidad pura, el amor, la compasión, la sabiduría, etc., crean una repercusión de abundancia y bienestar.

Piensa en tu mente como si fuese un campo fértil: estos actos motivacionales siembran un poder potencial o semilla en él que producirá un efecto. A no ser que saques este poder potencial de tu interior, el resultado se producirá para que tú lo experimentes. Una semilla de mango sólo produce mangos; una semilla de una planta venenosa o amarga sólo produce amargor o malestar. Aplica esta ley natural al plano psicológico.

Acto intencionado se refiere a la motivación previa al acto. No te olvides que en el vipasana theravada procuramos observar nuestros impulsos tratando de no reaccionar de primeras a lo que ocurre en la mente. Te facilita el poder llevar una vida ética: *no decir, ni pensar, ni hacer lo primero que te viene a la mente en el día a día.* Como fácilmente puedes entender, al ser una ley natural, no depende de que creas en ella o no, de que seas una persona laica, atea o religiosa.

Cuanto más consciente eres, más te das cuenta de la importancia de vigilar las intenciones que preceden tus actos, y de esta manera estás llevando lo que has aprendido en la meditación a tu vida cotidiana.

Esta ley tiene vastas implicaciones en nuestra vida. A un nivel, karma se refiere a la ley de causa y efecto a medio y largo plazo. Hoy llevas a cabo un acto y en algún momento posterior puedes experimentar sus resultados. Si siembras semillas de tomates en tu huerto, el año próximo comerás tomates.

A otro nivel, comprender el karma tiene que ver con la calidad de la mente en el momento mismo del acto. Si es de amor o generosidad, al instante tienes una experiencia agradable; si es de avaricia o ira, la mente se siente inquieta y mal.

Es necesario tener una buena comprensión de esta ley, pues te ayuda a *procurar* que cada instante de tu vida puedas desarrollar estados mentales positivos. ¿Por qué? Porque crean felicidad instantánea y bienestar en el futuro. Esto es la ética.

Otro aspecto de esta ley es que nos ayuda a comprender cómo desarrollamos nuestras personalidades. Nuestro yo no es sólido o estático y duradero (cambia al instante), pero esto no quita que cada uno esté compuesto de un esquema de personalidad personal e intransferible. Y éste es resultado de la suma de actos, consciente o inconscientemente creados, así como de estados mentales diferentes más o menos intensos. Si cultivamos el amor y la generosidad experimentamos su sabor al instante y a la vez reforzamos el que salga en nosotros más habitualmente. Lo mismo en el lado negativo. Cada estado mental, cada pensamiento, cada acto que repetimos, se vuelve más fuerte y crea la predisposición hacia este tipo de comportamiento.

Nuestra personalidad, lo que somos, es la suma de actos y tendencias mentales que hemos ido desarrollando, las configuraciones energéticas que hemos cultivado. Para lo bueno o para lo malo el karma nos condiciona.

No solemos prestar atención a esta ley que origina la actividad de nuestro cuerpo, palabra y mente; en consecuencia, creemos que una vez hemos dicho, pensado o hecho algo no deja rastros o resultado alguno. *Es como lanzar una piedra al agua y esperar que no se creen olas.* Antinatural. Una vez entendemos de qué modo esto ocurre en nuestra mente, entendemos algo que Buda dijo en sus enseñanzas: "Somos nosotros quienes creamos nuestra propia realidad".

Entender esta ley es la base para despertar esta sabiduría que sabe a ciencia cierta si un acto que hacemos producirá libertad y felicidad o esclavitud y dolor. Lo cual nos lleva asumir la responsabilidad de nuestros actos.

No hay salida: *es preciso responsabilizarnos de nuestros actos.* Se cuenta que en una ocasión al Iluminado se le preguntó por qué había tantas diferencias entre la gente: unos bellos, otros feos y ricos, otros feos y pobres, otros ricos y bellos, otros sanos, otros enfermos… La contestación del Buda fue que la respuesta se encuentra en los actos de cada uno.

Las tres condiciones

El karma es un tema tan complejo y sutil que se dice que sólo los budas son capaces de comprender todas sus implicaciones, pero si conocemos aunque sea un poco al respecto, se puede llegar a cambiar nuestra relación con las personas y con las cosas.

Se deben dar tres condiciones para que algo llegue a existir:

1. La condición de la existencia de una causa
2. La condición de la impermanencia
3. La condición de la potencialidad.

La condición de la existencia de una causa. Significa que las cosas no surgen de la nada: *todo lo que existe ha sido producido por otra cosa.* Vemos cómo la causa y el efecto están en constante funcionamiento en el mundo natural y nunca diríamos que un manzano surgió de la nada. Lo que hizo Buda simplemente fue extender este entendimiento lógico de la causalidad para abarcar todos los aspectos de la realidad, tanto en lo que se puede observar como en lo que no es directamente observable. La ley de causa y efecto es esencialmente una ley natural. Ninguna otra explicación tiene sentido racional.

La condición de la impermanencia. Se requieren causas para producir resultados, pero, sin la capacidad de cambiar, nada podría crearlos. La permanencia denota un estado de inmutabilidad. Algo que es permanente no puede pasar de ser una causa a ser una consecuencia. Ni tampoco podría ser parte de un proceso dinámico que crease un resultado, ya que el acto de la creación en sí cambia al creador. Por tanto, no puede haber una causa permanente: de hecho, en la lógica budista, el término causa permanente se considera que se contradice a sí mismo. Una cosa permanente lo es, precisamente, porque no puede producir fruto alguno.

La condición de la potencialidad. No es suficiente con que haya una causa y con que esa causa sea transitoria. Se requiere que la causa tenga una tercera condición, la potencialidad:

la capacidad de producir el resultado correspondiente. Un manzano es una causa y es transitoria, pero no tiene la capacidad de producir piñas ni otras frutas. Un manzano sólo puede producir manzanas. *La potencialidad debe estar en consonancia con el resultado*. Si utilizamos este tipo de lógica, que sistemáticamente funciona a través de un punto de vista aparentemente evidente de que un manzano no puede producir piñas, podemos aplicarlo a todos los sucesos que tengan una causa y un efecto.

Causas sustanciales y causas secundarias

El modo en el que las causas producen resultados debido a estas tres condiciones es una descripción importante, pero sólo parcial, de la matriz de acontecimientos que configuran la creación de cualquier objeto o suceso. El panorama general es mucho más complejo. Además de la causa material o sustancial, existen muchos otros factores que determinan cómo algo puede llegar a existir. Nos referimos a las causas sustanciales y las causas secundarias, que juntas se conocen como *causas y condiciones*.

Aunque la *causa sustancial* también se llama *causa material*, eso no significa que la causa deba ser sustancia física o material, sino que debe actuar como causa principal. El término *material* en este contexto simplemente significa la *esencia de lo que se transforma en un resultado*. Puede ser física, como una semilla que se convierte en una flor, pero también puede ser mental, como cuando se produce un momento de ira que conduce al revanchismo.

Con mucha frecuencia, la causa sustancial por sí sola no es suficiente para impulsar verdaderamente el cambio. El agua, la humedad, el calor y la tierra son todos ellos elementos necesarios para que la semilla se pueda convertir en una flor. Una semilla seca que se encuentra en una despensa tiene la capacidad de producir una hermosa flor, pero como carece de las causas secundarias, no producirá ese resultado. Las causas sustanciales y secundarias deben estar presentes para que surja un resultado.

Este proceso es el mismo para las causas secundarias inmateriales. Para que un estado mental en particular pueda florecer en nuestra consciencia debe haber una causa sustancial, que es el productor principal de ese estado. *Éste siempre es el momento mental inmediatamente precedente.* A continuación, existen una serie de causas secundarias y esas causas no tienen que ser mentales necesariamente. Estas causas podrían incluir un entorno particular o un acontecimiento externo. Cuando la causa sustancial se encuentra con las condiciones secundarias adecuadas, entonces puede producirse un resultado.

Por tanto, este mecanismo que produce nuevas cosas a través de una serie de causas y condiciones siempre tiene una causa principal o sustancial y una causa secundaria o contribuyente. Así es como sucede con todas las cosas. Es muy importante comprender esto porque, con mucha frecuencia, cuando nos enfrentamos a una situación, particularmente cuando se trata de un problema, tendemos a atascarnos en una *sola* causa. Sentimos que es esta causa la que ha producido este problema y que no se puede cambiar nada. Si nos fijamos en la causa sustancial y en la causa secundaria como un todo, sabiendo que es una combinación de ambas lo que ha creado la situación, tendremos la oportunidad de analizar de manera más realista la forma de afrontar nuestros problemas.

Las cosas nacen de manera natural de estos dos elementos: las causas sustanciales y las causas secundarias. Cuando examinamos nuestros sentimientos, nuestras experiencias, nuestras vidas y nuestro karma veremos cómo todas las cosas siguen este mismo patrón.

Diez perfecciones

Las diez perfecciones son cualidades conocidas con el nombre de *paramitas*, o *supremas*. Aparecen en clásicos pali como el *Sendero de la Purificación* y otros, y en tratados mahayana como las *Bases del bodhisatva*, de Asanga. Todos tenemos las semillas para despertar cada una de ellas siempre y cuando se cultiven y rieguen adecuadamente. En realidad, a menos que las desarrolles te seguirás sintiendo inseguro y sin poder. Su mejora hace que uno se convierta en el dueño y señor de su destino. Cada una de ellas se ilustra con una analogía extraída del *Bodhisatvacaryavatara*, uno de los textos clásicos más importantes en la tradición mahayana.

1. *La generosidad*
Buda habló de tres tipos de generosidad: la del pordiosero, la amistosa y la principesca.

La primera ocurre cuando *uno da lo que ya no quiere*. Por ejemplo, estorba en nuestro armario y se lo damos a una organización caritativa. Es mejor practicar este tipo de generosidad que no practicar ninguno, pero no es una generosidad auténtica porque no hace disminuir tus apegos.

La generosidad amistosa es cuando compartes lo que tienes. Lo compartes con tanta gente como te rodee. Guardas una parte y das la otra.

La generosidad principesca es cuando das más que lo que tienes. Es la generosidad más difícil y pocos la practican.

Para dar, la motivación –que es una mezcla de intención y aspiración– es importante. Si das algo pensando que vas a recibir algo más a cambio, no es generosidad sino un mero intercambio comercial. Generosidad es dar por dar, *no dar para recibir.*

Se puede dar porque uno siente que tiene mucho de algo, se puede dar porque uno quiere compartir lo que tiene o se puede dar porque uno tiene amor y compasión en el corazón. Buda practicaba esto último.

La generosidad no entraña sólo dar cosas. Uno puede dar *tiempo, cuidar a otros, compartir sus habilidades...* La generosidad auténtica disminuye tu egoísmo y avaricia.

Una analogía de la generosidad es la de un vaso lleno de agua que se vuelca: toda el agua sale por completo.

2. *Conducta ética*

Implica cinco actitudes principales que están dirigidas a disminuir y, gradualmente, eliminar la ira la aversión y el apego. Si estas emociones disminuyen, el yo falso también lo hace porque surgen de él. Son sus asistentes. Así, si no matas intencionadamente a ningún ser vivo disminuye la ira en tu corazón, porque sólo matas lo que te desagrada.

Cuando no coges lo que no es tuyo, reduces la avaricia y el apego. Si coges lo que no es tuyo, la avaricia y el apego son tus amos. Evitar la mala conducta sexual disminuye tu apego. Evitar la palabra errónea disminuye el apego o la ira. No ingerir drogas e intoxicantes disminuye la avaricia y el aferramiento a sensaciones agradables negativas. La analogía es que debes proteger la conducta ética como un yak protege su cola.

3. *Renuncia*

Significa renunciar a las demandas del yo falso que quiere ser entretenido y reafirmado constantemente. *La renuncia es soltar tu idea de lo que eres* –alguien sólido, concreto, que controla-. Lo que piensas que posees –casa, esposa, esposo, hijos, coche, trabajo, oficina, amigos...– crea la ilusión de seguridad. Te proporcionan la ilusión ficticia de estabilidad, pero ninguna de las cosas que posees es estable. Si fuesen la fuente de tu seguridad, una casa mayor, más coches, más amigos, más hijos, etc., te proporcionarían mayor estabilidad y seguridad, pero en ocasiones, casi siempre, significan más preocupaciones. Identificar estas cosas como una fuente de seguridad te engaña. No controlas ni siquiera lo que te va a ocurrir mañana.

¿Significa la palabra *renunciar* que no debas casarte, ni tener hijos o amigos, una casa bonita o un trabajo excelente? No. Lo puedes tener todo y aun así *renunciar al engaño* de que todos ellos son la fuente última de tu bienestar. Y piénsalo: al morir vas a tener que renunciar a la fuerza a las posesiones, a las personas que crees que son tuyas… y ni tan siquiera te puedes llevar tu cuerpo. Prepárate en vida para afrontar lo que te ocurrirá inevitablemente al morir.

Renuncia no significa irse a una montaña y encerrarse en una cueva para no relacionarse con nadie, más bien consiste en renunciar al aferramiento y a las falsas expectativas. Renunciar al apego a nuestra familia no significa que dejemos de quererla: al contrario. El amor y el apego se parecen, aunque son estados diferentes.

La analogía es la de un prisionero que ha vivido largo tiempo en prisión y no siente apego a su celda, sólo desea la libertad

4. *Sabiduría*

La sabiduría da pie al mejor tipo de fe: la razonada. La fe ciega puede disminuir, la que depende de la sabiduría sólo se incrementa. Hoy en día no puedes dirigirte a la gente y pedirles fe porque se reirán de ti.

La sabiduría no se puede aprender en libros, sale de tu proceso de purificación. Tiene tres etapas: *aprender o escuchar*, lo cual crea *conocimiento*. Después digiere lo que escuchas *analizándolo*. Es como el proceso físico de comer; el cuerpo ingiere comida, la digiere, le da energía y vitalidad, y lo que no puede usar más se evacua. Aquí, digieres lo que escuchas y lo que no entiendes lo dejas de lado, ya te lo comerás cuando lo puedas aceptar o entender. Por último, el conocimiento que digieres se transforma en *sabiduría*, ya forma parte indistinguible de tu ser.

Buda comparó la fe ciega con un gigante ciego, poderoso, pero incapaz de ver. La sabiduría es como los ojos. Si se une la fe a la sabiduría, las dos son indestructibles. En realidad, al unirse se transforman en una montaña delante de las circunstancias adversas de la vida.

La fe popular es débil, en realidad no cree, sino *que se aferra a sus ideas y creencias, aunque sean falsas, en busca de una falsa y frágil seguridad.* Es como una especie de testarudez carente de conocimiento o sabiduría. La fe popular no admite las dudas, la fe acompañada de sabiduría se nutre de las dudas para ir más allá de ellas.

La analogía es la de un monje que pide limosna: no evita familias de nivel bajo, medio o elevado, va pidiendo de modo sucesivo para adquirir sustento. Después, al preguntar a gente sabia acerca de lo que es virtuoso o no, procede a practicar la perfección de la sabiduría y obtiene el despertar pleno.

5. *El entusiasmo*

Es la gasolina que impulsa el motor. Es uno de los siete factores de la Iluminación. Es el pivote que hace posible que todas las cualidades se desarrollen de modo armonioso. Puedes esforzarte para ser millonario y, si tienes las condiciones para ello, serlo; o para tener más negocios o para terminar tus estudios. Es indispensable para atravesar el sendero de la meditación. Pero el esfuerzo exacerbado puede volverte inquieto, hacerte ir de un lado a otro, de un pensamiento a otro, de una ciudad a otra, en busca de algo que satisfaga tus anhelos. Si no se canaliza adecuadamente puede ser negativo.

Buda habló de cinco facultades internas y las compara a un grupo de caballos que arrastran un carro: un caballo central que dirige y los cuatro restantes detrás, dos a cada lado. El caballo principal es *la atención*; es lo principal porque, sin ella, el carruaje no se mueve. Los otros dos pares se equilibran. El primero de ellos es la *energía*, que se equilibra con la *concentración*. Y en el otro lado, la *fe* junto a la *sabiduría*.

La concentración te asienta. Si sólo hay concentración y no hay entusiasmo, uno cae en el espesor, puedes volverte apático. Puede convertirse en concentración sin atención porque no hay suficiente energía para mantenerte despierto. Pero el entusiasmo sin concentración tampoco vale porque puede volverte muy inquieto y hacerte estar siempre en movimiento.

El entusiasmo debe tener una dirección: si llenas el depósito del coche de gasolina, pero no sabes dónde ir, no te sirve de mucho, la gastarás inútilmente.

La dirección que toma la energía sabia es descubrir por qué sientes malestar y erradicar sus causas. El entusiasmo en vipasana se usa para tratar de estar atento al espacio entre las sensaciones y las reacciones posteriores. Es decir, ir un poco contra natura. *Pensamos que si es natural es bueno,* aunque no siempre es así. El instinto natural de un violador es violar, pero hay que ponerlo a buen recaudo para proteger a los demás y a él mismo. Es un ejemplo exagerado, pero si revisamos nuestros instintos y tendencias constataremos que muchos de ellos no trabajan en nuestro beneficio. Para invertir las tendencias se requiere entusiasmo y esfuerzo.

La analogía es la del león que, esté tumbado, caminando o quieto, no pierde su esfuerzo, siempre está listo.

6. *Paciencia*

Sin paciencia en la vida cotidiana uno siempre estará preocupado e intranquilo. La impaciencia es una manifestación de nuestra mala interpretación del yo, que desea que las cosas ocurran como las has planeado… Olvidas que hay muchos factores previos que hacen posible que tus deseos se cumplan. La impaciencia da lugar a la ira.

La paciencia tiene un punto de sabiduría porque se da cuenta de que podemos hacer planes, por supuesto, pero también entiende que cualquier cosa puede interferir en ellos. Si no aprendes a aceptar lo que ocurre en la vida cotidiana, tendrás un sufrimiento doble: el sufrimiento de no ver cumplidos los deseos y el sufrimiento de resistirse a la realidad. *No aceptar, y antes de resistirse a lo inevitable incrementa el malestar.*

La persona paciente es aquella que ve más allá de lo perceptible: sabe que las cosas fluyen, cambian, y no siempre a nuestro favor. Lo que hoy te parece malo, mañana o al mes siguiente puede parecerte no tan malo. Es bueno prestar atención y, si las cosas no fluyen según tus deseos, recuerda que siempre vives con un sentido falso del yo, como si fuese una especie de supervisor; tienes esa idea innata y falsa de que estás al control. Si las cosas ocurren como tú deseas no es por tu voluntad presente: ocurren porque han de ocurrir. Algo ya las puso en movimiento tiempo atrás.

El hecho de que todo sea transitorio, malestar y carente de una identidad personal sólida siempre es así, el problema es que tu atención está desviada. Si integras estos tres aspectos aceptas mejor lo que te ocurre, bueno o malo, y liberas la mente de frustración, ira, resentimiento, inquietud y demás.

Sobre todo, necesitas paciencia contigo mismo: si no la tienes, ¿cómo la vas a tener con los demás? Si no soportas tus defectos, ¿cómo vas a poder soportar los de los demás? Paciencia no significa indiferencia o cobardía… para nada. *Paciencia es no enfadarse ni alterarse cuando todo te invita a ello.* Si lo piensas, el paciente vence a la ira; el impaciente pierde ante ella. Paciencia no es reprimir el enfado: si hay enfado no hay paciencia y, más tarde, saldrá por otro lado. Paciencia es entender que la realidad que vives proviene de tu karma, que no está en tus manos el que todo te vaya como tú quieres. Si tienes el karma para que así sea, perfecto; si no, crea el karma para experimentar lo que deseas. Es lo único que puedes hacer.

7. *Sinceridad, buscar la verdad*

En primer lugar, uno debe ser sincero y decir sólo la verdad. Es el cuarto precepto: no mentir. Pero va más allá de esto. Uno debe saber qué ocurre en tu interior, ser sincero, lo cual no es fácil. Se requiere cierta sabiduría para saber lo que está mal en ti. No nos debe importar lo que está mal en los demás. La labor no es observar a los demás, sino tu interior. Los defectos de los demás son más evidentes que los propios: "Ves la paja en el ojo de los demás y no ves la viga en el tuyo".

¿Por qué hago lo que hago?, ¿por qué reacciono como suelo hacerlo? Si excavas, al final encontrarás la visión distorsionada de tu yo, y si profundizas en la meditación, podrás saber que hay modos de aflojar su dominio.

El Dharma es como un espejo para ver tu entramado psicológico y espiritual. La verdad se refiere también a conocer las Cuatro Nobles Verdades, el Dharma esencial. Conocerlas se refiere a haberlas visto con el ojo de tu mente. Si es una verdad debe dirigir a la disminución o erradicación del malestar.

Cuando se dice que las cosas son transitorias, lo son. No es que lo sean para los budistas y para el resto no. ¿No os parece? La verdad tiene que mostrar de modo inmaculado cómo eliminar el sufrimiento de modo irrevocable. Y estas cualidades o virtudes ayudan a ver más allá de la realidad relativa para fundirse en la absoluta.

La analogía es el planeta Venus, que no se desvía de su curso como los buenos discípulos, que no se desvían de la verdad.

8. *Determinación, motivación.* Sin determinación ni tan siquiera te levantarías por la mañana. Al principio puede parecer que meditar no es muy interesante, no parece reportar beneficios. Estamos muy condicionados por los resultados

instantáneos: apretamos un botón y se enciende la cocina, apretamos otro botón y se enciende el ordenador, pulsamos un número y hablamos con el otro lado del mundo… pero esto nos condiciona a pensar: "Si tengo que pensar, trabajar, disciplinarme para meditar, no me interesa".

Pero *no hay botón* para eliminar la ira, ni el deseo negativo, ni el ego, ni la avaricia o la impaciencia; o para acceder al Nirvana. *No hay botón que produzca resultados instantáneos.* Nuestra sociedad considera bueno lo que da resultados instantáneos, lo cual produce expectativas falsas. Si lo piensas, somos como niños mimados. Ellos lo expresan llorando y nosotros con lamentos, pero la actitud interna es la misma.

La meditación es un remedio seguro, pero lento y para practicarla se requiere determinación. La determinación es una cualidad en un carácter sólido. Una mente inestable no puede tener determinación, cualquier cosa la tuerce. Cada vez que te sientas te determinas a estar sentado, con una mente alegre, aceptando lo que sea que ocurra.

Es necesaria también en la vida cotidiana: sin ella no llegarías a tu lugar de trabajo. Incluso para asistir a un curso de meditación requieres determinación.

La analogía es la de una montaña estable que no tiembla delante de fuertes vientos: tu determinación en seguir el sendero debe ser igual.

9,10. *El amor bondadoso y la ecuanimidad* son las últimas dos virtudes y se han explicado en mi libro *Mindfulness y mucho más*, en el capítulo *Los cuatro amigos*[11].

La analogía del amor es el agua que impregna de frescura tanto a la gente buena como a la mala. La analogía de la ecuanimidad es el suelo, que es indiferente a lo puro o impuro que se le echa: del mismo modo, mantén siempre el equilibrio delante de lo agradable y lo desagradable.

---

11 Ver *www.edicionesamara.com*

Ya tienes todas estas cualidades en tu interior en forma de semilla: hasta cierto punto eres ético, lo mismo ocurre con el resto de las actitudes. Lo que no tienes quizás es el reconocimiento de que son muy útiles y que se pueden desarrollar para apartarte del malestar.

Todos los placeres son momentáneos, y te engañan porque te hacen caer en la complacencia. Algunos piensan que seguir un sendero interior implica menospreciar esos placeres momentáneos, ya se ha dicho que no es así; simplemente *no esperas de ellos lo que no te pueden dar*. Determinarse a integrar la sabiduría del sendero en nuestra vida cotidiana es sabio porque te hace vivir la vida mejor.

El noble sendero óctuple

A medida que progresas en tu meditación desarrollarás *el sendero óctuple.* En realidad, tu práctica de vipasana no sería completa si faltase alguno de los ocho factores que lo componen. Adoptar el noble sendero óctuple conduce a la experiencia de la cuarta noble verdad, la verdad de la cesación de duhkha.

Tanto si crees en Dios como si eres ateo, tanto si crees en la reencarnación como si crees en un cielo y en un infierno eternos, o no crees nada en absoluto, *sólo experimentas los resultados de tu karma, de tus actos.*

Adoptar el noble sendero óctuple hace de ti una persona más bondadosa y sincera. ¿A quién le importa realmente lo que creemos? Lo que es verdaderamente importante es cómo conduces tu vida: ésa es la esencia de cualquier sendero interior y el noble sendero óctuple es una de las formas de ejercerla. En la tradición mahayana estos ocho factores se resumen en los tres adiestramientos superiores: ética, concentración y sabiduría.

Para poder experimentar la cesación de duhkha, la tercera noble verdad, has de aprender a ser *duradero y fuerte* como la tierra, *fluido* como el agua, *creativo y ligero* como el aire y *libre y vasto* como el cielo. Si no eres capaz de encontrar ninguna cualidad humana que imitar, puedes aprender esas cualidades de la naturaleza y de los cinco elementos.

El camino al Nirvana –la cesación de duhkha– es la cuarta noble verdad y se puede resumir en tres aspectos generales: ética, concentración y sabiduría.

El mensaje de Buda es simple, pero, a la vez, profundo: evita los extremos. No caigas en la autoindulgencia ni en la automortificación porque ninguno de los dos conduce a la felicidad. Sólo evitar los dos extremos conduce a la paz interior, a la sabiduría y a la liberación de las insatisfacciones de la vida. Su mensaje se engloba en las Cuatro Nobles Verdades, y la última de ellas, la verdad del sendero, consiste en practicar estos ocho puntos:

1. Comprensión correcta
2. Pensamiento correcto
3. Palabra correcta
4. Acción correcta
5. Forma de vida correcta
6. Atención correcta
7. Concentración correcta
8. Esfuerzo correcto

El pivote central son comprensión, esfuerzo y atención. Lo que te pide el sendero al Nirvana es más atención y, con ella, se interiorizan y ajustan el resto de las actitudes de modo que la ética es perfecta, la concentración se profundiza y la mente se vuelve clara, penetrante, sin obstáculos para tener una experiencia de que todo es transitorio, de que la felicidad no es posible con visiones erróneas y de que todo carece de una esencia sólida.

A continuación, se explican estas ocho virtudes. La analogía es que para escalar una montaña es preciso saber, primero, que la cima existe. Para subir se requiere ética y concentración, pero lo que te da fuerza es conocer tanto el trayecto como el resultado de llegar a la cima. En el trayecto has de tener siempre presente la cima, de lo contrario te podrías desviar del camino. Por tanto, reconoce en todo momento que tu propósito de cultivar sabiduría con el fin de desenraizar duhkha requiere tanto ética como concentración.

Adiestramiento superior en sabiduría

Comprensión correcta.

Buda habló en primer lugar de la *comprensión correcta,* especialmente de la causa y el efecto en las Cuatro Nobles Verdades. La premisa general es que si actúas mal experimentas problemas y si actúas bien recibes bienestar. Así de simple, aunque en la práctica no es tan fácil de llevar a cabo. Lo llaman karma.

Cuando recibes bienestar o malestar, el espacio de tiempo entre la causa y el resultado hace crecer tus dudas acerca de la veracidad de esta ley, y se habla de vidas futuras donde se recibe bien o mal por cosas hechas en el pasado. Independientemente de tus creencias, actuar bien en esta vida te trae buenas sensaciones en esta vida. Y actuar mal siempre te reporta lo contrario.

Uno de los beneficios inmediatos de seguir esta ley es que procurarás en todo momento decir, hacer o pensar cosas que lleven al bienestar e intentarás evitar lo contrario porque conduce al malestar. Los actos correctos son aquellos que crean causas de felicidad, actos motivados por el amor y la compasión o que surjan de un estado mental exento de avaricia, agresión o ignorancia. Si actúas con estados mentales positivos, de inmediato ves un resultado interno: tu mente se siente pacífica y feliz y los demás también.

Se habla de los diez actos a evitar porque causan dolor al perpetrador, tú, y al objeto, los demás. Tú mismo debes despertar la comprensión de su naturaleza negativa para así evitarlos. Tu propia experiencia te dirá que cualquier comportamiento poco hábil trae dolor físico y psicológico, tanto a ti mismo como a los demás.

Los actos son negativos si están impulsados por estados mentales negativos; en consecuencia, la *comprensión correcta* requiere atención y esfuerzo para detectarlos, contrarrestarlos y eliminarlos.

Tú creas tu futuro porque a cada momento tienes la oportunidad de alterar el curso de tus pensamientos, tus palabras y actos. Has de llegar a una comprensión experiencial de esto.

En su nivel inicial, la comprensión correcta aborda esta ley natural que gobierna tu vida, la ley de causa y efecto. Las cosas no nos ocurren de casualidad o por accidente. Siempre que actúas movido por alguna emoción aflictiva recibes malestar y dolor. Si actúas movido por actos positivos como la generosidad, el amor, la compasión, etc., su resultado es bienestar y paz.

La comprensión correcta entraña también *reconocer tu verdadera naturaleza*. Todo es transitorio, los elementos físicos y mentales aparecen y se desvanecen continuadamente. Tanto si eres joven como viejo, si eres soltero como si tienes pareja, aunque obtengas todo lo que deseas no permanecerá estático. Si deseas que las cosas sean permanentes, estarás creando un problema mayor. Reflexionar sobre la impermanencia te ayuda a encontrar un punto de vista correcto.

Observas tu respiración y entiendes que entra y sale, y lo mismo ocurre con los pensamientos, las sensaciones y las emociones aflictivas. Comprender experiencialmente todas estas cosas ofrece una perspectiva de la vida distinta. Cuando se comprende esta fugacidad microscópica y, especialmente, cuando experimentas el proceso de la mente y el cuerpo sin la carga de una identidad personal sólida, la mente suelta lo que tiene que soltar

Otro aspecto de la comprensión correcta es que duhkha impregna tu vida. Tienes comprensión correcta cuando ves claramente que el propósito de la existencia es encontrar una salida al malestar que produce duhkha. Un sendero espiritual debe ser un camino de comprensión preciso y perfecto de lo que ocurre en tu interior. Y sólo lo buscarás cuando te des cuenta del vacío interior que da pie a la frustración y la insatisfacción.

Cuando una disciplina puede exponer la insatisfacción básica que padeces y después explica el modo de eliminarla, uno puede afirmar que es una enseñanza de fiar.

La comprensión correcta tiene dos matices: comprender el karma, y ver la necesidad de cambiar para salir de duhkha. Es la empresa más difícil porque *no* consiste en cambiar el mundo, sino en cambiarnos a nosotros. Lo primero es prácticamente inviable porque no hay dos personas que coincidan del todo en la idea de cómo debe funcionar el mundo; en consecuencia, siempre nos creará fricción.

Como humano eres poseedor de una maravillosa y rara oportunidad: tienes la dosis necesaria de malestar y dolor para usarla como motor de tu motivación e ir más allá de él. Experimentar duhkha de vez en cuando es tu mejor maestro: te ayuda a ser más humilde, a practicar más y a despertar compasión.

Hay diversos modos de responder al malestar y dolor que sueles experimentar:

1) *Echar la culpa a los demás.*
2) *Derrumbarte* y deprimirte.
3) *Victimismo* basado en la idea de que *solo tú* experimentas ese malestar.
4) *Hacer ver que duhkha no tiene que ver contigo.* No funciona porque fingir hace de ti un hipócrita o un cínico.

Buda insistió en que nadie debería creer sus palabras, sino investigarlas y llegar a las propias conclusiones. En un discurso a la gente de Kalama dio diez razones no válidas para seguir un sendero espiritual: 1) porque te lo repitan muchas veces; 2) porque está en las escrituras; 3) porque ha pasado de maestro a discípulo; 4) porque la gente de la sociedad cree en ello; 5) porque tenga cualidades metafísicas; 6) porque está de acuerdo con lo que crees; 7) porque puedas racionalizarlo; 8) porque sea un punto de vista que tengas que defender; 9) porque el maestro tenga mucha reputación y sea famoso, y 10) porque el maestro haya dicho que es así.

Cuando la gente de Kalama escuchó estas palabras se hicieron sus discípulos. Les dio una guía que sigue siendo válida hoy. Creer en algo porque es la tradición de tu país o porque también lo creen los demás no te ayudará. Buda decía que un camino espiritual sólo sirve si investigas, usas la razón y lo encuentras útil y cierto.

La casta de los brahmanes de la época no era muy amistosa con Buda porque les minaba su forma de vida, su sustento. Él decía que nadie necesitaba de un intermediario entre uno mismo y los dioses para ser feliz; que los rituales, el incienso y demás tampoco eran determinantes. Los brahmanes vivían de esto y aunque muchos de ellos terminaron abrazando la forma de vida del Buda, otros lo veían como un demonio.

La comprensión correcta consiste en soltar pensamientos negativos y sustituirlos por pensamientos como el amor, la compasión, la generosidad, la paciencia, el esfuerzo y demás.

Aferrarse a las personas no es lo mismo que quererlas o amarlas de verdad. Es natural que en las buenas relaciones esté presente un elemento de apego: *la dosis de apego es lo que causa el problema*. Lo que nos pide el desarrollo espiritual es transformar el apego en amor. Es doloroso pensar en ello, cierto, pero es preciso recordar que cada matrimonio, por feliz que sea, termina en separación. *Incluso en el caso de que los dos miembros de una pareja murieran a la vez plácidamente, cada uno sigue su camino*.

Aferrarse, apegarse a lo que sea, hace la vida más dolorosa. *Soltar* deja la mente en paz. No significa deshacerte de tu casa, tu trabajo y tus cosas, sino *soltar la creencia de que son la causa principal de tu felicidad*. Desarrollar esta actitud requiere al principio una cierta cantidad de tiempo en soledad. Esta soledad te permite pensar, reflexionar, meditar y liberar tu mente de ruido y de apegos. A medida que las aflicciones disminuyen, refuerzas tu capacidad de estar con los demás sin apego, sin mendigar su presencia para sentirte bien. Incluso el apego al Dharma se ha de soltar; Buda mismo dijo que las enseñanzas son como una barca: una vez has atravesado la corriente, la puedes dejar en la orilla. Muchos de nosotros nos aferramos a los demás por miedo a estar solos y *un meditador puede estar solo, pero no se siente solo.*

Soltar pensamientos, palabras y actos negativos crea espacio para cultivar pensamientos positivos como la alegría, el amor, la no violencia, la ecuanimidad... No esperes soltar de repente el lastre que has acumulado y que está enraizado en tu psique. Date un tiempo, pero nunca es tarde para empezar. La paciencia, el esfuerzo y la atención desatan los grilletes.

Es importante identificar los pensamientos negativos cuando salen y la atención debe encargarse de ellos para que no saboteen tu sesión de meditación. En ocasiones estos pensamientos se desvanecen cuando les prestas atención, en otras ocasiones no es tan fácil. Cuando la concentración es más intensa esos pensamientos dejan de alterar o de aparecer.

Todos tendemos a buscar cierta objetividad, pero a medida que profundizas en tu práctica entiendes que esa objetividad es casi imposible. En realidad, todo es subjetivo. ¿Por qué dos personas ven el mismo objeto de modo distinto? La ciencia cuántica ahora habla de ello, no habla de objetividad sino de *probabilidades.* Y las escrituras budistas empezaron a hablar de ello hace unos dos mil seiscientos años.

Intención o pensamiento correcto

La intención correcta viene de la comprensión correcta. Si nuestra comprensión no es correcta, las intenciones o los pensamientos tampoco lo serán. La comprensión correcta tiene muchos matices, pero empezamos donde estamos y a partir de aquí profundizamos.

La paz y la felicidad no son un derecho de nacimiento. Se obtienen gracias a un esfuerzo continuado dirigido a mejorar la comprensión y el pensamiento correctos. Los dos constituyen el aspecto de la sabiduría.

La renuncia viene de la comprensión correcta: después de conseguir ésta última te resulta fácil dejar ir lo que sabes que es doloroso a corto y largo plazo. El deseo negativo o apego es siempre negativo ya que si no puedes conseguir lo que deseas viene la frustración, la pena y la tristeza. Pero conseguir lo que te falta también crea malestar porque sabes que esa sensación placentera es pasajera. Las casas están llenas de cosas que nos entusiasmaron al conseguirlas y después ya no nos apasionan en absoluto. Puedes tener todas las cosas que quieras y si ya sabes que no te van a proporcionar ni un ápice de la felicidad que buscas, son más placenteras. Disfrutas más de la vida con desapego que con apego. El apego es una manifestación de la ignorancia porque depositas esperanzas vanas en el objeto que se supone que te ha de traer felicidad.

La intención correcta también es estar alerta para actuar y reaccionar hábilmente sin agresividad. No debe depender de si te sientes bien o de si la persona actúa del modo en que te conviene. La intención correcta es lo que conduce tus actos, es decir, tu karma. Lo que hay detrás de tus actos es la intención, y la intención llena la mente de tendencias y potenciales que tú mismo experimentarás.

Un aspecto de los actos es que son como icebergs, vemos sólo la punta y no la totalidad. Haces un regalo a alguien y te sientes bien, pero ¿has considerado la intención de que lo has hecho?, ¿es buena o es interesada, es altruista o egoísta…? Si quieres conocerte a ti mismo es preciso observar bien tus intenciones.

El pensamiento correcto entraña intenciones libres de deseo-apego y de ira o aversión. No significa que no puedas comprarte un buen móvil ni irte de vacaciones. Lo único que se aconseja es que experimentes lo bueno sin que tus falsas expectativas envenenen y exageren la naturaleza de lo que produce tu bienestar. El pensamiento correcto es esforzarse en soltar pensamientos negativos y desarrollar los positivos.

El amor bondadoso es como una flor. Cuando sueltas pensamientos negativos se crea un espacio natural en tu mente para que surjan pensamientos positivos. Si el suelo de tu consciencia está lleno de malas hierbas, piedras y demás, es difícil que crezcan. *Metta, maitri* o *amor bondadoso* es un sentimiento cálido, de interconexión con todos los seres. Puesto que deseamos paz, felicidad y alegría para nosotros, sabemos que todos los seres también lo desean para sí mismos. El amor irradia hacia *todo el universo,* es el deseo de que todos los seres disfruten de una vida cómoda y armoniosa.

Aunque todos tenemos la semilla del amor universal, debemos esforzarnos en cultivarla. Si la mente está tensa, preocupada o ansiosa tu capacidad para desarrollar amor se ve obstaculizada. Es preciso relajar la mente y, con el estado pacífico que proviene de la atención, se crea el espacio necesario para que crezca. El amor bondadoso debe ocupar toda la mente, no puede haber espacio para ti –tus preocupaciones y tensiones–. O estás tú o están los demás.

Normalmente, cuando dices que amas a alguien es un estado mental condicionado por el comportamiento o las circunstancias: quizás te has enamorado de sus ideas, de su personalidad, de su cuerpo, de su posición, de su nombre... Si estas condiciones cambian, tu "amor" puede cambiar e incluso transformarse en odio. Es un amor poco estable. El verdadero amor no tiene "planes estratégicos ocultos". Cuando se desarrolla lo despliegas hacia todos sin excepción... Este amor se enfoca también en tus enemigos, en aquellos que te han ofendido, perjudicado o insultado. Has de pensar que si alguien actúa de ese modo lo hace porque desconoce el efecto de sus malos actos; su mente está agitada, tensa, ¿cómo no va a perjudicarte?

Si aparece un "enemigo" es porque tu mente está atiborrada de ira y sus derivados y no deja espacio para ver más allá. En consecuencia, usar razonamientos para frenar la ira y que en su lugar aparezca la no ira es *el arte de no enfadarse* o *la paciencia.*

En lugar de tratar de desarrollar ese amor universal al principio, es mejor que trates de eliminar todo aquello que lo impide. ¿Cómo se puede querer a los demás con una mente llena de inquietud y tensión?

La compasión es otra expresión del pensamiento correcto. Es una reacción positiva ante el malestar que sienten los demás, el deseo de hacer algo para aliviarlos. Se dice que antes de despertar compasión has de entender con precisión y profundidad el malestar que te asola a ti mismo. Ya se ha mencionado antes que este estado se denomina *renuncia*: el deseo virtuoso de abandonar duhkha y sus causas. Después, cuando te enfocas en los demás despiertas compasión. *Antes de querer a los demás es preciso quererse a uno mismo y antes de sentir compasión hacia los demás es importante ver la profundidad del malestar en ti mismo.*

Adiestramiento superior en ética

Palabra correcta

Saber hablar con propiedad o ser un orador no es exactamente *palabra correcta.* Buda decía: "Si sabes que algo hiere y no es cierto, no lo digas. Si sabes algo que es útil pero incierto, no lo digas; si sabes algo que duele y es cierto, no lo digas. Si sabes algo que es útil y cierto, encuentra el momento apropiado para decirlo". Incluso nuestro Sócrates hablaba en estos mismos términos. Si te expresas muy bien y con una oratoria excelente, aun así puedes mentir, exagerar la realidad, calumniar, etc., y hacerlo de un modo muy elegante, y esto no sería la palabra correcta.

Mentir, calumniar, charla vana, usar palabras duras… es lo opuesto de la palabra correcta. Buda dijo que la palabra inadecuada puede romper familias y amistades. Palabra correcta es no exagerar la verdad. ¿Cuántas veces exageramos lo que nos ha ocurrido, pretendemos aparentar lo que no somos o justificamos nuestros actos negativos para que los demás se crean que son positivos? Es un modo lastimoso de mentir. Las palabras surgen de pensamientos que fluyen en la mente y deben ser amables, no dañinas, sin calumniar ni criticar.

La palabra correcta es una expresión de la comprensión y el pensamiento correctos. Si la mente está en calma tu palabra será veraz, dirás lo que es cierto, no usarás palabras duras. Gran parte del sufrimiento que existe en nuestras vidas se engendra a través de las palabras. La palabra correcta implica ejercer cierto poder sobre tu energía para que de tu boca no pueda salir ninguna palabra hiriente.

Si llevas a cabo un retiro de meditación podrás ver cuánta paz se encuentra en el silencio.

La acción correcta.

No matar, no coger lo que no es tuyo, no usar la relación sexual para dañar a otros seres. En general no somos muy conscientes del vasto alcance que tienen nuestros actos.

Hay un libro, *Monte análogo*, en el que se explica cómo ascender a una montaña especial. Una norma para ascender es que, llegados a cierto punto, no debían matar seres vivos. Cada participante tenía que transportar su propia comida. Uno de los escaladores fue sorprendido por un temporal. Estuvo tres días pasando penurias, frío. Vio una rata muy vieja que salía arrastrándose de un agujero y pensó que no sería malo matarla para alimentarse y así poder bajar de la montaña. Consiguió hacerlo y pudo descender de la montaña. Un tiempo después lo llamaron del tribunal a cargo de la montaña. Lo acusaban de haber matado al animal. Al parecer había tenido consecuencias muy serias. Era una bestia muy vieja y al no poder cazar insectos sanos se alimentaba de los enfermos. Al morir no había selección natural de los bichos enfermos. La enfermedad se extendió a las especies que poblaban el monte y se murieron. Los insectos eran responsables de la polinización y fertilización de la mayor parte de la vegetación en las laderas de la montaña. Al morir los insectos, la vegetación empezó a disminuir. La vegetación había mantenido la cohesión del suelo y cuando disminuyó, el suelo comenzó a erosionarse. Finalmente, hubo un corrimiento de tierras que mató a mucha gente que escalaba la montaña y dejó el camino bloqueado por mucho tiempo. *El acto fue nimio, pero el resultado enorme.*

La moraleja es que, al no saber el alcance de nuestros actos, es mejor no alterar ni nuestra mente ni nuestro entorno con lo que hacemos, decimos o pensamos.

Los actos crean karma porque son resultado de las intenciones. Lo que marca la bondad o maldad de un acto es su intención y lo que vives es resultado de lo que has hecho, dicho y pensado.

Forma de vida correcta

Si eres comerciante no engañes a tus clientes, actúa con integridad. Debes comportarte decentemente con los demás. No es virtuoso aprovecharse de aquellos que son más débiles que nosotros. A través de una forma de vida correcta cultivas la capacidad de tratar a los demás con respeto. Deberías concentrarte en lo que puedes hacer sin necesidad de provocar un daño directo a los demás y compartir las cosas que tienes con las personas que más lo necesitan.

Adiestramiento superior en concentración

Esfuerzo correcto

El esfuerzo es gasolina para tener energía y viceversa. El término *esfuerzo* en español no abarca el sentido de la palabra sánscrita *virya:* un sentimiento de alegría al implicarte en el sendero a la Liberación. Al principio se requiere esfuerzo si deseas meditar, pero con el tiempo, la meditación no requiere de esfuerzo alguno.

Si la práctica va bien, decía Shunryu Suzuki, es posible que uno sienta orgullo. Lo que haces está bien, pero le has añadido algo extra: el orgullo. El esfuerzo correcto es desprenderse de ese algo extra. Buda recomendó cuatro esfuerzos supremos que se explicaron en el capítulo de los Siete factores de la Iluminación.

Es preciso distinguir los estados mentales positivos de los negativos. Cuando despliegas el fundamento de la atención a la mente has de esforzarte en esta labor. Sólo cuando sabes lo que piensas puedes hacer algo al respecto. Si no sabes lo que piensas, ¿cómo puedes seguir el consejo de Buda de impedir que surjan los pensamientos negativos o de no permitir que continúen, o de hacer que los positivos surjan y se mantengan? Se requiere atención para ponerlo en práctica.

Si sólo te acuerdas de estos cuatro puntos relacionados con el esfuerzo es suficiente. Las emociones aflictivas son los pensamientos negativos que empeoran el mundo. Tenerlas o no tenerlas indica si tu mente está alterada o pacífica.

El esfuerzo y la energía son vitales para meditar, especialmente al principio porque no parece traer resultados. Buscar resultados es lo que conduce nuestra vida. Por supuesto, nadie empieza un negocio o empresa pensando que no va a reportarlos. La meditación produce resultados si meditas, el esfuerzo produce resultados si lo ejerces, pero tus expectativas de resultados y tus propias proyecciones de lo que esperas conseguir te ciegan ante los buenos resultados que obtienes y no ves. En ocasiones, el malestar es proporcional a la cantidad de expectativas falsas. Uno debe ejercer esfuerzo sin esperar resultados.

El entusiasmo es la base de todos los logros, pero ha de ser equilibrado. Del mismo modo que las personas a las que les preocupa su peso se levantan temprano para hacer ejercicio, si te interesa tu salud mental debes emplear el esfuerzo adecuado para romper con los patrones negativos habituales. *Tener paz mental no es un derecho de nacimiento, tú mismo has de crear las causas.* Si la mente está inquieta, es tu responsabilidad cortar con ello; si está en paz, es tu responsabilidad mantener este estado e incrementarlo. El Dharma te enseña por qué está inquieta y cómo se puede tranquilizar.

El Buda dio un ejemplo para ilustrar la actitud adecuada en relación con el esfuerzo en la concentración, comparándolo con afinar la cuerda de una guitarra: si la cuerda está muy floja o tensa, el sonido no es bueno. De igual modo, esfuérzate relajadamente. El Camino Medio es la enseñanza de Buda.

Atención correcta

Atención[12] es lo opuesto a cómo vives: te levantas y, al cabo de un rato, te das cuenta de que no has estado presente cuando te has lavado los dientes, la cara o las manos, te has duchado o has tomado una taza de café. Es como si tu cuerpo estuviese funcionando por un lado y tu mente por otro, con el piloto automático encendido.

La atención es la madre de la concentración. La atención se absorbe en lo que haces. Si esta absorción se usa en meditación puede dar lugar al gozo.

La atención te ayuda a purificar porque si uno está atento a lo que piensa, dice y hace, uno tendrá mucho cuidado en conducirse hacia la bondad, uno no se ve empujado y controlado por las emociones negativas. Así se purifica la mente y sus tendencias.

---

12 Ver una explicación extensa de la atención (mindfulness) en mis libros *Mindfulness y mucho más* y *Samatha y Vipasana/el poder de la concentración* en www.ediionesamara.com

La atención se despliega hacia los Cuatro Fundamentos de la Atención: cuerpo, sensaciones y saber si el pensamiento es positivo o negativo, o si alguno de los cinco obstáculos o uno de los siete factores de la Iluminación ha tenido lugar. Parece mucho trabajo, pero se puede reducir en la vida cotidiana a saber si tienes pensamientos positivos o negativos. Ya se ha comentado que es bueno practicar estos cuatro fundamentos de uno en uno, al menos al principio.

Es bueno meditar un rato por la mañana y otro por la noche, pero el resto del día mantén un estado de atención, lo cual se va convirtiendo en un hábito que hace la vida más llevadera: vivir sin atención es como conducir un coche sin frenos. Antes de hablar observa tus intenciones, detecta cualquier emoción aflictiva en la mente. El esfuerzo correcto depende de la atención correcta

La atención correcta en la práctica de vipasana es ser consciente y a la vez reflexionar, investigar lo que sucede en el momento presente. Si caminas, sé consciente del movimiento, sé consciente de la respiración, de las sensaciones, de las tensiones físicas y mentales, de cómo las sensaciones condicionan el modo de responder. Un dicho zen era: "Cuando comes, come; cuando bebes, bebe".

La concentración correcta

La concentración es un medio, no un fin. Proporciona unas condiciones agradables y placenteras para despertar sabiduría. No obstante, tiene un peligro: uno puede apegarse a las experiencias placenteras y gozosas. La concentración convierte la mente en un instrumento poderoso y penetrante. La concentración requiere prácticamente todos los aspectos del sendero óctuple ya que, sin conducta ética, pensamiento y comprensión correctos, esfuerzo y atención es difícil que surja. De hecho, se enumera al final para que veas que depende de los anteriores. Al igual que una cámara fotográfica, la mente tiene que estar cuidadosamente enfocada para lograr una clara imagen de la realidad tal y como es.

Al principio la concentración es débil, pero con el tiempo se refuerza. En un retiro se puede constatar que es desarrollable. Si pones una tetera llena de agua en la cocina y apagas y enciendes el fuego, el agua no hervirá. Llegas a un punto en que la concentración ocurre sin apenas esfuerzo y, para ello, es necesario adoptar una práctica de meditación que deberías aprender de un maestro budista cualificado –no puede ser cualquiera–.

La concentración correcta te ayuda a ordenar las prioridades que tienes en tu vida y a no malgastar el tiempo en asuntos triviales. La concentración, la sabiduría y su aplicación propulsan una motivación que te lleva a utilizar tu vida para ayudar a los demás, en lugar de preocuparte sólo por tu propio bienestar.

www.ingramcontent.com/pod-product-compliance
Ingram Content Group UK Ltd.
Pitfield, Milton Keynes, MK11 3LW, UK
UKHW021703190726
13853UKWH00001B/407

9 788495 094872